PROCESSO DO TRABALHO
Força Dominante *versus* NCPC, Força Auxiliar

Antonio de Pádua Muniz Corrêa

Graduou-se pela Universidade Estácio de Sá - Rio de Janeiro - em 1990. Advogou por 06 (seis) anos na praça do Rio de Janeiro, preponderantemente na área trabalhista. Também atuou como consultor jurídico, no Rio, de 1993 a 1996. A partir de agosto de 1996 ingressou na magistratura trabalhista como juiz substituto e, atualmente, ocupa o cargo de juiz titular da 1ª Vara do Trabalho de São Luís. É autor de vários artigos jurídicos publicados em diversas revistas especializadas. Em 2005 escreveu o livro Execução Direta contra a Fazenda Pública, publicado pela LTr. É Pós-Graduado *Lato Sensu* MBA em Direito Civil e Processo Civil pela FGV em 2007. Também é especialista em Direito Constitucional pelo Centro Universitário do Maranhão desde 2008. Atualmente, é aluno do Curso de Mestrado/Doutorado da Universidade Autônoma de Lisboa, desde 2015.

Antonio de Pádua Muniz Corrêa

PROCESSO DO TRABALHO
Força Dominante *versus* NCPC, Força Auxiliar

Comentários pontuais às compatibilidades e
incompatibilidades, inclusive à IN n. 39 do TST

EDITORA LTDA.
© Todos os direitos reservados

Rua Jaguaribe, 571
CEP 01224-003
São Paulo, SP – Brasil
Fone (11) 2167-1101
www.ltr.com.br
Fevereiro, 2017

Versão impressa: LTr 5670.0 — ISBN: 978-85-361-9080-8
Versão digital: LTr 9065.7 — ISBN: 978-85-361-9068-6

Dados Internacionais de Catalogação na Publicação (CIP)
(Câmara Brasileira do Livro, SP, Brasil)

Corrêa, Antonio de Pádua Muniz

Processo do trabalho : força dominante *versus* NCPC, força auxiliar / Antonio de Pádua Muniz Corrêa. -- São Paulo : LTr, 2017.

"Comentários pontuais às compatibilidades e incompatibilidades, inclusive à IN n. 39 do TST"

Bibliografia.

1. Direito processual do trabalho - Brasil 2. Processo civil - Legislação - Brasil I. Título.

16-08338   CDU-347.9:331(81)(094.4)

Índice para catálogo sistemático:

1. Brasil : Codigo de processo civil e processo do trabalho :
Direito 347.9:331(81)(094.4)

DEDICATÓRIA

Em primeiro lugar, à minha esposa e filhos, que respeitaram e aceitaram, silenciosamente, minha ausência e falta de atenção para com eles, durante o tempo dedicado a este trabalho.

Em segundo lugar, aos meus pais e irmãos, em cuja família nasci e convivo em amor, respeito e fraternidade.

AGRADECIMENTOS

Agradeço ao meu Deus, origem de todas as coisas, inclusive, e, principalmente, do conhecimento.

Agradeço aos familiares, de perto e de longe, pelos votos de sucesso e manifestação de sincera alegria.

Agradeço ao meu querido irmão Hilton Mendonça Corrêa Filho, pelo auxílio na correção e nos valiosos acréscimos a esta obra.

Agradeço aos colegas de trabalho, mormente nas poucas horas de repouso ou descanso – almoço – em que estivemos juntos e compartilhamos experiências e saberes.

Agradeço a gentileza e confraria da minha colega e amiga Maria do Socorro Almeida que, prontamente, aceitou prefaciar este livro.

Agradeço, por fim, ao Desembargador James Magno pela deferência a mim emprestada, eis que, apesar das muitas tarefas como Presidente do TRT16, reservou-me precioso tempo para fazer a apresentação desta obra.

Obrigado a todos os colaboradores.

"Mas agora, ó SENHOR, tu és nosso Pai; nós o barro e tu o nosso oleiro; e todos nós a obra das tuas mãos".

Isaías 64:8

Pois sempre haverá amor e ódio ao processo judicial: para uns, é a única ou última fronteira; para outros, um verdadeiro tormento, algo desalentador, injusto e violento.

O Autor

SUMÁRIO

APRESENTAÇÃO 13

PREFÁCIO 15

PREÂMBULO 19

INTRODUÇÃO 23

1. IMPACTOS POSITIVOS DO NCPC NO PROCESSO TRABALHISTA, SOB A PERSPECTIVA DA EXECUÇÃO LABORAL 25
1.1. Noções gerais 25
1.2. Duração razoável do processo 27
1.3. Poder-Geral de Cautela do Juiz do Trabalho 35
1.4. Tutela provisória 42
    1.4.1. Introdução 42
    1.4.2. Tutela de Urgência 44
        1.4.2.1. Tutela cautelar de urgência 44
        1.4.2.2. Requisitos 47
        1.4.2.3. Tutela cautelar antecedente 51
        1.4.2.4. Tutela antecipada de urgência 53
        1.4.2.5. Dano processual 60
        1.4.2.6. Pontos comuns nas tutelas de urgência 62
        1.4.2.7. Irreversibilidade da tutela 62
        1.4.2.8. Caução na tutela de urgência 64
1.5. Tutela de evidência 65
1.6. Protesto das decisões judiciais 68
1.7. Negativação do nome do devedor 72
1.8. Cumprimento definitivo da sentença 75
1.9. Impugnação em excesso de execução 79
1.10. Preço vil 81

1.11. Autocomposição extrajudicial na Justiça do Trabalho e sua homologação judicial 82
    1.11.1. Comissões de Conciliação Prévia na Justiça do Trabalho.......... 87
    1.11.2. Autocomposição judicial: objeto conciliado. Alcance e limites. 89
1.12. A prescrição intercorrente no Direito do Trabalho 92
    1.12.1. Introdução.. 93
    1.12.2. A prescrição intercorrente... 94
    1.12.3. O prazo prescricional 99
1.13. Caso de inaplicabilidade da revelia e confissão no processo do trabalho 100
1.14. Acesso aos tribunais e o dever de prestar a tutela jurisdicional 102
1.15. Pressupostos processuais 112
1.16. Modificação da Competência: conexão e prevenção............................ 114
1.17. Ata Notarial... 115
1.18. Intimação de testemunha por advogado 117
1.19. Coisa Julgada: questão prejudicial 119

2. DOS IMPACTOS NEGATIVOS DO NCPC NO PROCESSO DO TRABALHO. 123
2.1. As Incompatibilidades do Novo CPC com o Processo do Trabalho 123
2.2. Foro de eleição 128
2.3. Adiantamento de Honorários Periciais 129
2.4. Honorários de advogado 130
2.5. Incidente de desconsideração 131
2.6. Centro de Solução Consensual de Conflitos.. 134
2.7. Contagem de prazo em dias úteis 135
2.8. Aditamento da petição inicial 136
2.9. Julgamento parcial do mérito.. 137
2.10. Inquirição de testemunha 138
2.11. Sentença. Fundamentação exauriente 138
2.12. Da taxa de juros.. 141
2.13. Da caução para levantamento de depósito em dinheiro 142
2.14. A não aplicação da revelia, se houver pluralidade de réus................... 145
2.15. Da impenhorabilidade dos salários 146

ANEXO I 159
Resolução Administrativa n. 1.470, de 24 de agosto de 2011 159

ANEXO II 163
Resolução n. 203, de 15 de março de 2016 163
Instrução Normativa n. 39/2016 164

REFERÊNCIAS BIBLIOGRÁFICAS.. 171

APRESENTAÇÃO

Equilibrar o Processo do Trabalho, consagrado pela sua simplicidade e eficiência, com o uso subsidiário do Processo civil não é tarefa simples. Isso tem movido diversos juristas brasileiros há tempos.

Processo do Trabalho: força dominante versus NCPC, força auxiliar, o novo livro do juiz Antonio de Pádua Muniz Correa, traz luzes à discussão da influência do novo Código de Processo Civil no Processo do Trabalho, nesse que é um dos maiores e mais instigantes temas do Direito brasileiro. E Antonio de Pádua faz isso com a maestria que lhe é habitual, com o texto preciso, lúcido e repleto de menções jurisprudenciais atualizadas. O autor revela, de início, sua preocupação com os impactos negativos do NCPC no Processo do Trabalho e as incompatibilidades do novo CPC com o Processo do Trabalho.

Posteriormente, o livro aborda com profundidade temas como o poder geral de cautela do juiz do Trabalho, tutela provisória, tutela de urgência, tutela cautelar antecedente, tutela antecipada de urgência e tutela de evidência. Outros pontos que se destacam nessa obra são a análise do protesto das decisões judiciais, da negativação do nome do devedor, do cumprimento definitivo da sentença, da impugnação de excesso na execução, do preço vil, da autocomposição extrajudicial na justiça do trabalho e sua homologação judicial, os limites da prescrição intercorrente no direito do trabalho e a prescrição intercorrente e prazo prescricional.

Com a vigência do novo Código de Processo Civil em 2016, o Tribunal Superior do Trabalho editou a Instrução Normativa n. 39 para tentar orientar o alcance da norma adjetiva civil em relação ao processo juslaboral. A IN n. 39 é examinada em profundidade por Antonio de Pádua. Nada foge ao olhar preciso do autor, que se debruça sobre a polêmica do adiantamento das despesas processuais para custear honorários periciais e o não cabimento de honorários de advogado na Justiça do Trabalho.

O livro traz uma ótima análise do incidente de desconsideração da Personalidade Jurídica. E não se furta em estudar a contagem de prazos em dias úteis, o aditamento da inicial após o recebimento da defesa, o julgamento parcial do mérito e a inquirição de testemunhas diretamente por partes ou advogados. Merece destaque a análise da fundamentação exauriente da sentença de mérito, do art. 489, § 1º, IV.

O autor não se esquece de tratar da funcionalidade do centro de solução consensual de conflitos, já que este é um dos novéis temas trazidos pelo NCPC para auxiliar na solução de conflitos intersubjetivos, analisando também a natureza da autocomposição judicial.

Vê-se, desde logo, a completude do livro, que, certamente, pela sua enorme qualidade, será obra de alcance e valor inestimável para os juristas e estudiosos do Direito Processual Civil e Trabalhista.

Desejo a todos uma boa leitura!

James Magno Araújo Farias
Desembargador Presidente do Tribunal Regional do
Trabalho da 16ª Região – Maranhão

PREFÁCIO

Sobre a mesa repousam seus instrumentos de trabalho. Na mente, o desafio dos que buscam para os intricados problemas que lhe são postos a solucionar, respostas que sejam dotadas de suporte científico. No espírito, os imperativos dos que são ciosos de seu mister na concretização da justiça, em um mundo em que a desigualdade impregna, de modo doloroso, todas as tentativas de aproximação entre aqueles que, segundo normas mestras de direitos humanos, "nascem iguais em direitos e obrigações" (art. 1º da Declaração Universal dos Direitos do Homem, aprovada pela ONU em 10 de dezembro de 1948), mas que, regidos pela realidade social que abriga nossa efêmera existência, estão longe, demasiado longe, de seguirem a vida em igualdade que não seja de obrigações.

Assim pode ser descrito Antônio de Pádua Muniz Corrêa. Não apenas ao longo dos esforços empreendidos na construção desta obra, mas também na condição de magistrado de notável envergadura técnica e moral, destes que reconduzem à crença na justiça dos homens.

Com efeito, seus atributos intelectuais, aliados ao exercício da magistratura trabalhista, oportunizam-lhe o contato constante com a incidência, em concreto, das normas jurídicas que regem as relações laborais.

E o autor, promovendo o sempre necessário encontro entre a teoria e a prática, faz de sua realidade laboral o pano de fundo para o enfrentamento de questões polêmicas que há anos vêm permeando o direito processual trabalhista e que se viram avultadas e aprofundadas com o advento da Lei n. 13.105/2016.

Destas circunstâncias emerge sua mais recente obra: "PROCESSO DO TRABALHO: força dominante *versus* NCPC, força auxiliar: comentários pontuais às compatibilidades e incompatibilidades, inclusive à IN 39 do TST".

O estudo propõe a análise dos impactos do advento da Lei n. 13.105/2015 no domínio do direito processual trabalhista. E o autor leva a efeito os seus objetivos por meio de um discurso que se desenvolve ao derredor de dois eixos: o primeiro, correspondente à identificação e análise das alterações que, advindas na novel norma processual civil, promovem um avanço positivo no âmbito processual trabalhista; o segundo, correspondente às alterações normativas que, por representarem retrocessos ou por incompatibilidades com os princípios que norteiam o direito processual do trabalho, não são passíveis de aplicabilidade nesta seara.

Antônio de Pádua Muniz Corrêa assume este encargo já na primeira hora das alterações normativas, quando são muitos os questionamentos acerca do impacto da novel legislação processual civil sobre a normativa processual trabalhista até então consolidada como baliza para a tramitação de ações judiciais trabalhistas e quando os operadores do Direito tateiam em busca de portas e de luzes.

O autor emite opiniões e firma convicções sobre pontos dotados de vasta controvérsia, algumas remanescentes da realidade normativa anterior, o que, de *per si*, já seria suficiente para demonstrar ser um estudioso arrojado. Mas, vai além seu destemor, ao empreender seu estudo trazendo à baila observações e argumentos que retiram da realidade que o circunda um véu que, propositadamente ou não, muitos envergam e que encobre aspectos relevantes para as temáticas em questão, para construir suas respostas levando em conta mais este aspecto da realidade analisada: a demonstração de que muitas das respostas para os grandes problemas que afetam a efetividade do exercício do poder jurisdicional trabalhista na atualidade podem ser encontradas muito proximamente, bastando, para tal, o adequado manuseio de elementos que já estão ao dispor dos protagonistas processuais, dentre eles uma leitura que seja mais atenta, mais rigorosa, mais interdisciplinar e, também, mais transdisciplinar, dos diversos ramos do Direito, abandonando-se concepções pré-concebidas e admitindo-se o advento de transformações, mas sem que se descure da sempre necessária observância aos princípios, inclusive e sobretudo de natureza constitucional, que regem tais questões.

É com este destemor e com esta perspectiva vanguardista que o autor analisa de modo percuciente temáticas variadas, iniciando por questões com caráter geral e axiomático e adentrando outras, de natureza mais específica.

Neste desiderato é que, à partida, confronta-se, o leitor, com a análise dos temas acerca dos quais, sustenta o autor, a nova normativa processual civil impactou positivamente o direito processual trabalhista, para o que inicia com uma necessária abordagem acerca do princípio da duração razoável do processo e sobre o poder geral de cautela, detido pelo juiz do trabalho. Prossegue o autor fazendo uma análise didática: dos institutos da provisória e da tutela de evidência; do cumprimento definitivo da sentença; da impugnação ao excesso de execução; do conceito de preço vil; da autocomposição extrajudicial; e da prescrição intercorrente.

Ato contínuo, dedica-se, o estudioso a apontar as alterações insertas na nova normativa processual civil que, no seu entender, não encontram aplicabilidade no âmbito processual trabalhista, havendo cuidado, o autor, em justificar cada um de seus entendimentos, respaldando-os nas normas jurídicas e na jurisprudência correlata à matéria sob estudo. Assim se empreende a análise dos temas que se seguem: eleição de foro; adiantamento de despesas processuais; concessão de honorários advocatícios; incidente de desconsideração da personalidade jurídica; instituição de centro de solução consensual de conflitos; contagem de prazos em dias úteis; aditamento da petição Inicial após o recebimento da defesa; julgamento parcial do mérito; inquirição de testemunhas diretamente por partes ou advogados; fundamentação exauriente da sentença de mérito; taxa de Juros; exigência de caução para levantar depósito em dinheiro; e impenhorabilidade dos salários.

O texto é, a um só tempo, didático e crítico. Promove uma análise das normas jurídicas, utilizando-se de um discurso claro e fluido para construir conclusões que encontram suporte no domínio da realidade, o que é explicitado pelo autor a partir de sua vasta experiência como magistrado trabalhista. Viabiliza a compreensão àqueles que são iniciantes nas temáticas, mas também conduz a reflexões profundas aos mais experientes. Firma entendimentos, deixando aberta a linha do diálogo, sem o que a ciência do Direito não avança.

Revela, assim, Antônio de Pádua Muniz Corrêa, aos seus leitores, seu atributo que não chega como surpresa aos que conhecem sua atuação como investigador e magistrado: a capacidade de, diante de um desafio, abandonar as trincheiras das zonas de conforto e pôr-se em combate, em defesa de suas ideias e convicções, sem abandonar a necessária obediência a princípios e regras que disciplinam o embate.

É uma leitura a ser desfrutada nesta perspectiva de avanço que não se exaure nos estudos do autor, já que, ao revés, este insta seu interlocutor a pensar sobre os temas abordados; a acrescer-lhes continuamente os não poucos grãos de sal que a vivência cotidiana do direito processual trabalhista nos fornece; enfim, a contribuir para o crescente avanço da ciência do Direito.

Que a leitura desta obra cumpra, quanto ao leitor, esta proposta do autor. E que o aprendizado que ela proporcione seja um instrumento a mais na incessante luta pela justiça a que o Direito se destina.

MARIA DO SOCORRO ALMEIDA DE SOUSA

Doutora em Direitos Humanos pela Universidade de Salamanca (Espanha). Mestre em Direito do Trabalho pela Universidade de Lisboa (Portugal). Juíza Titular da Vara do Trabalho de Barreirinhas (TRT-16ª Região, Maranhão). Investigadora vinculada a Grupo Direito, Cultura e Sociedade, da Universidade Federal do Maranhão. Membro da Comissão para acompanhamento das ações relacionadas à matéria de Direitos Humanos do Tribunal Regional do Trabalho da 16ª Região (Maranhão).

PREÂMBULO

VIVEMOS EM PLENO ATIVISMO JUDICIAL?

Nos idos do ano de 1985 ou 1986 foi instalada no Brasil uma Assembleia Nacional Constituinte, pelo então Presidente José Sarney. Passados mais de vinte anos de regime totalitário, foi, então, chamado o povo brasileiro para eleger os seus representantes para aquela tarefa específica e tão importante. Naquela década, a população brasileira era de quase cento e vinte milhões de habitantes. Hoje, somos mais de duzentos milhões de habitantes, conforme censo do IBGE.

Aquela Assembleia gestou e pariu, em outubro de 1988, uma nova Carta para o Brasil. Referida Carta constitucionalizou muitos direitos infraconstitucionais. Muitas foram as críticas à obra recém-construída. Passados mais de vinte anos, entendemos que ela buscava dar maior garantia e segurança aos direitos fundamentais, individuais e sociais, pois instituiu um processo mais resistente às alterações no texto constitucional, exigindo um quorum qualificado. Receava um retorno ao *status quo*, por isso, creio eu, foi constitucionalizando muitos direitos alheios às tradições das cartas magnas.

Além de garantista, a nova Constituição brasileira criou e instituiu alguns ícones ou pilares da governabilidade, da segurança jurídica, do Estado de Direito e da própria democracia. Assim, proibiu qualquer emenda tendente a abolir os direitos fundamentais, o voto, a separação dos poderes e a forma federativa de Estado; instituiu os princípios norteadores da Administração Pública; reconheceu autonomia jurídica, administrativa e financeira ao Poder Judiciário; fixou limites ao poder de tributar e outorgou ao Supremo Tribunal Federal a missão de ser o guardião da Constituição da República Federativa do Brasil.

Assim, a sociedade brasileira depositou nas mãos do STF tamanha tarefa, pois o guardião é aquele que defende aguerridamente algo ou alguém; é um protetor, um conservador, um depositário; enfim, sua tarefa é proteger alguém ou alguma coisa de agressões. É uma espécie de guarda-costas. Portanto, a fidelidade aos desígnios constitucionais é a meta, o rumo, a razão máxima de existir do STF.

O guardião, embora tenha autonomia, não pode agir sem nenhum compromisso com aquele que o instituiu – o povo – e nem com o que fora instituído; bem assim não pode trair o voto de confiança que lhe fora depositado pelo povo brasileiro, não pode usurpar competências e nem revisar o texto constitucional por mero capricho ou reclamo da sociedade. A sua vontade não é soberana a ponto de revoltar-se contra o próprio texto constitucional, reescrevendo-o como se legislador fosse, em clara afronta à separação e à independência dos poderes, agindo em verdadeiro ativismo judicial maléfico.

É gravíssimo quando a Suprema Corte se senta na cadeira do Legislativo Nacional e legisla fora dos limites constitucionais, quer seja por vaidade/megalomania, quer seja em nome da própria sociedade, pois os precedentes constantes na Rcl 4872/GO – GOIÁS, no Recurso Extraordinário 569.056-3, na Súmula Vinculante n. 25 e na Rcl 754/DF – Distrito Federal denunciam avançado processo de desregulamentação da Constituição brasileira ao longo desses vinte e cinco anos. Pouco a pouco, pressiona-se a base da frágil estrutura democrática, cuja consequência é fissurar os pilares do sistema e fazer vir abaixo uma construção civilizada, que dará lugar a uma clara tendência autoritária e unitária de poder. O perigo é o guardião, de per si, achar-se soberano, aí...

Oportuno lembrar lição do próprio Min. Marco Aurélio Mello, falando sobre segurança jurídica: "Paga-se um preço, um preço módico, por viver em um Estado de Direito, ou seja, o respeito irrestrito ao Direito vigente. Não estou a preconizar que se adentre a seara do direito alternativo, já que a atividade de julgar faz-se, acima de tudo, vinculada ao Direito. Não se pode partir para o fechamento da Constituição, para o afastamento da lei e, simplesmente – até mesmo presumindo, quem sabe, a revisão do que decidido –, para o critério de plantão. Não somos legisladores, somos julgadores", *in* Revista Jurídica Consulex n. 335, de 1º de janeiro de 2011, p. 57.

Em tempos ainda recentes, era o Poder Militar quem tinha tal ousadia, pois colocava os tanques nas ruas e ia fechando as portas da democracia. Passadas mais de duas décadas, o próprio Poder Civil assume o risco de fazê-lo. Hoje se mudam apenas duas palavras e se estende o conceito de família. Amanhã, em nome da liberdade de expressão, se poderá ir mais além, aproveitando-se, como argumento, da fraqueza, da inércia, da subserviência e da leniência do Congresso Nacional. Isso tem o mesmo efeito de uma violência armada. É um verdadeiro desrespeito ao Estado Democrático de Direito e ao próprio coração da democracia. Sob o fundamento da infidelidade do Guardião ao texto constitucional instiga-se a anarquia e a desobediência civil, causando abissal insegurança jurídica.

O que fazer? Há tempos o homem fez um pacto: abriria mão de parte de sua liberdade e, em troca, o Estado lhe garantiria o seu direito de igualdade, de propriedade, de ir e vir etc. Foi chamado de o Contrato Social. É dizer: nada é absoluto. Vivemos em camadas hierarquizadas, superpostas, ou seja, precisamos de um mínimo de hierarquia para que todos vivamos com urbanidade e com respeito mútuo. Quem sabe não seja hora de se repensar o presente e pôr o pé no freio, tendo-se mais cautela e prudência no uso da esgrima constitucional moderna, sem desgarramo-nos do respeito à lei.

O autor.

INTRODUÇÃO

Estamos no lumiar do novo CPC, por isso, pensei em promover um estudo, ainda que apressado, dos principais pontos favoráveis e desfavoráveis ao Processo do Trabalho, buscando emitir uma opinião calcada na experiência, na praticidade, na ciência jurídica e na doutrina especializada.

A obra foi dividida em dois pontos: o primeiro fala dos impactos positivos do NCPC, distribuídos em doze subitens, cada um com um tema instigante. O segundo ponto fala sobre os impactos negativos que o novo Código terá no Processo do Trabalho, também subdivididos em quatorze itens.

Fiz muitas citações de artigos, incisos e parágrafos, as quais foram inseridas em notas de rodapé, isto para que o leitor tivesse acesso ao novo texto, a fim de memorizá-los, porquanto terão maiores bases normativas de consulta no dia a dia. Tudo na intenção de auxiliá-lo na apreensão da nova ciência.

Também busquei imprimir uma fonte maior ao texto a fim de proporcionar uma leitura mais confortável e menos cansativa. É uma obra de reflexão, inquietante e de caráter estudantil e informativa. São as minhas primeiras impressões sobre o novo estatuto procedimentalista do nosso país, o qual terá a missão de concretizar o direito material ameaçado ou lesado, em um curto espaço de tempo, muito embora tenha sido muito atrevido na abordagem de alguns pontos e muito tímido na de outros.

Enfrentei o tema com um diálogo firmado na simplicidade de palavras, pelo menos esta fora a minha intenção, interagindo com a lei nova, a CLT, a LEF e leis esparsas, buscando sempre informar o leitor de pontos de vistas doutrinários diversos, acerca do assunto, a favor ou contrários à matéria, mas com a lealdade de deixar o leitor com a última palavra, certo de que a verdade absoluta, entre nós homens, torna a sua obra sempre inacabada. É apenas um ensaio, uma singela contribuição a qual me auxiliou no aprendizado.

O autor.

IMPACTOS POSITIVOS DO NCPC NO PROCESSO TRABALHISTA, SOB A PERSPECTIVA DA EXECUÇÃO LABORAL

1.1. NOÇÕES GERAIS

O processo de execução trabalhista é bastante incompleto, não descendo a minúcias, eis que possui apenas dezesseis artigos disciplinando todo o citado processo, por isso se guia pela supletividade e subsidiariedade. Eis aqui dois pilares de força e sustentação de sua efetividade e simplicidade.

Em decorrência, convém evidenciar que o Processo do Trabalho é uma ciência, a qual está sempre com uma janela aberta para novos conhecimentos. É apenas uma gota d'água neste grande oceano chamado conhecimento. Por isso, não é uma ciência exata e nem estanque. Está sempre em contínua evolução, agregando novos conhecimentos e novas práticas.

Não fosse assim, não teria uma sobrevida tão longeva. Apesar de septuagenário, ainda assim, encontra vigor para efetivar suas medidas em tempo razoável. Todavia, tem enfrentado grandes dificuldades e incompreensões no seu cotidiano, principalmente quando invade a esfera patrimonial do devedor, o qual encontra sempre eco em Tribunais Regionais, tornando a execução ineficaz e morosa, por meios processuais estranhos ao sistema recursal da execução trabalhista: falo do Mandado de Segurança e das Reclamações Correicionais.

O ideal é que tivéssemos um processo de execução meramente mandamental, sem nenhuma necessidade de se enveredar por um cipoal de procedimentos para se entregar a tutela jurisdicional invocada. Mas, infelizmente, este ideal não é para nossos dias e talvez nem para a geração seguinte, pois não há interesse político e nem do próprio Judiciário em abraçar essa causa, isto em sincera leitura que faço das decisões dos Tribunais Regionais do Trabalho e do próprio TST, quando este poderia nortear com maior gravidade a execução trabalhista, principalmente porque nossas estatísticas acerca de encerramento de execuções por ano é vergonhosa.

O maior gargalo da Justiça do Trabalho hoje é a montanha de processos em execução, os quais estão emprateleirados aguardando um bom tempo chegar, a situação financeira do executado melhorar ou o transcurso do prazo prescricional. É uma realidade que se esconde nos armários, tornando o magistrado indiferente a tais demandas, porque o processo demorou demais em nome da ampla defesa e do direito de recorrer. É assim que a maioria dos processos trabalhistas terminam.

O Processo de Execução trabalhista está moribundo; agoniza há muito tempo, porque não temos uma cultura de dar efetividade às decisões judiciais. O primeiro grau é apenas uma instância de passagem – de nascer de sol; e nos tribunais se dar o ocaso. A hora é urgente! Necessário se faz um grande esforço nacional para melhorarmos esse quadro tão lenitivo e ineficaz.

Conscientizar os tribunais do trabalho para tão grave enfermidade me parece o primeiro passo, a fim de que haja uma absoluta mudança de conduta e de procedimentos, voltando-se os olhos para a efetividade das decisões judiciais, as quais perdem-se no tempo e são consumidas pelo vazio da falta de patrimônio do devedor, não passando as decisões judiciais de meros pedaços de papéis, inservíveis para o verdadeiro destinatário do direito.

É por este quadro sombrio que levantamos um grito de alerta, em sinal de cansaço, desestímulo e desesperança com o processo judicial trabalhista, porque a burocracia e o excessivo apego ao costumeiro direito de recorrer, tem sido o alimento para um quadro de retardos, cujo propósito é inviabilizar, pelo destempo, a execução de um direito há muito reconhecido.

Vale lembrar e destacar que o insucesso de uma execução retrata a derrota do Estado-juiz pelo abusivo sistema recursal, entoando como grande derrotada, não o juiz de 1º grau, mas sim a própria Justiça do Trabalho, porque somos um só corpo, embora com vários membros distintos e escalonados, mas indissociáveis. Enquanto um membro padece e se amofina, os demais também se ressentem e são afetados pela sua má-formação ou enfermidade. Não há corpo são se um de seus membros está enfermo e padece de uma virose ou paralisia.

Seria muito bom se o desejo de recorrer fosse também afetado pela garantia integral do valor da execução, logo após o julgamento em 2º grau de jurisdição, o que seria uma garantia real de sucesso do futuro processo de execução. Aliás, já é assim em caso de embargos à execução ou na hipótese de a execução seguir a via do art. 523 do NCPC, pelo menos na VT onde sou titular.

Esta introdução serviu de amostra e alerta da premente necessidade do processo de execução trabalhista trilhar novos caminhos. Nesta esteira de esperança, buscarei no NCPC, o qual passou a viger a partir de março do ano de 2016, regramentos plenamente favoráveis e compatíveis com aquele, a fim de impulsionar e avivar a execução trabalhista. Por isso, destacarei alguns artigos do NCPC que, no meu sentir, migrarão para o processo de execução, por força da complementariedade ou subsidiariedade. Ei-los:

1.2. DURAÇÃO RAZOÁVEL DO PROCESSO

NCPC:

Art. 6º Todos os sujeitos do processo devem cooperar entre si para que se obtenha, em tempo razoável, decisão de mérito justa e efetiva.

Art. 4º As partes têm o direito de obter em prazo razoável a solução integral do mérito, incluída a atividade satisfativa.

O princípio da duração razoável do processo alcança a fase cognitiva e satisfativa do processo, segundo o disposto no art. 4º do NCPC, tornando-se claro se tratar de um direito do jurisdicionado. Por isso, deve ser praticado no Processo do Trabalho à exaustão, em especial, no processo de execução.

Existe aqui um interesse público a nortear o Estado-juiz em prestar a tutela jurisdicional em um tempo razoável, princípio constitucional que ostenta a pecha de direito fundamental e se impõe ao processo judicial moderno, por força do inciso LXXVIII do art. 5º da CF. A cláusula constitucional não pode ter conteúdo meramente programático, quimérico, e nem guardar natureza inexequível, haja vista haver normas infraconstitucionais em nosso ordenamento jurídico que podem dar corpo, alma e efetividade à novidade constitucional, como por exemplo, temos o art. 14, V, parágrafo único, arts. 16 a 18, art. 593 c/c. 179 do CP, art. 600, art. 626, art. 672, § 3º, parágrafo único do art. 740, todos do CPC de 1973, e reproduzidos no CPC de 2015.

De nada adianta ou de nenhuma valia tem decisão judicial que não é levada a cabo ou cumprida em um tempo razoável, negando-se ao jurisdicionado um direito fundamental, pois as normas constitucionais foram feitas para terem eficácia e eficiência plenas, mesmo que, para tanto, o Poder Judiciário assuma verdadeiramente a sua responsabilidade de agente provedor do bem de todos, reduzindo as desigualdades sociais, **distribuindo renda**, bem como construindo uma sociedade realmente livre, justa e feliz, como se abstrai do art. 3º, I, III e IV, da CF. Portanto, verdadeiramente constitui direito do exequente obter do Estado-juiz a persecução patrimonial exauriente à efetivação do seu crédito em execução trabalhista em tempo razoável, independentemente de requerimento.

Doravante, o direito à efetividade da execução deve nortear, com realce e saliências, os procedimentos executórios, já que o processo judicial é um caminhar sempre de olhar fixo no adimplemento do direito reconhecido judicialmente, não comportando mais delongas e práticas chicaneiras.

A materialização desse dispositivo dependerá de uma interpretação sistêmica, haja vista que, segundo o parágrafo único do art. 918 do NCPC[1], embargos à execução com intuito protelatório serão considerados como ato atentatório à dignidade da justiça, podendo sobrevir multa não superior a 20% (vinte por cento) do valor atualizado do débito em execução, consoante apregoa o parágrafo único do art. 774 do NCPC[2].

Penso, amparado nessa nova realidade processual, que o executado não poderá mais embaraçar, dificultar, resistir e nem deixar de indicar ao juiz da execução seus bens passíveis de penhora e suas contas, nas quais encontrar-se-ão os valores suficientes para adimplir o crédito exequendo. Se não fizer,

---

(1) Parágrafo único. Considera-se conduta atentatória à dignidade da justiça o oferecimento de embargos manifestamente protelatórios.

(2) Art. 774. Considera-se atentatória à dignidade da justiça a conduta comissiva ou omissiva do executado que:
I – frauda a execução;
II – se opõe maliciosamente à execução, empregando ardis e meios artificiosos;
III – dificulta ou embaraça a realização da penhora;
IV – resiste injustificadamente às ordens judiciais;
V – intimado, não indica ao juiz quais são e onde estão os bens sujeitos à penhora e os respectivos valores, nem exibe prova de sua propriedade e, se for o caso, certidão negativa de ônus.
Parágrafo único. Nos casos previstos neste artigo, o juiz fixará multa em montante não superior a vinte por cento do valor atualizado do débito em execução, a qual será revertida em proveito do exequente, exigível nos próprios autos do processo, sem prejuízo de outras sanções de natureza processual ou material.

estará descumprindo as normas do art. 774 do NCPC, fato que tornará sua dívida mais cara, obrigatoriamente.

Como no Processo do Trabalho o impulso é notoriamente oficial, as contas já sairão com este acréscimo, pois caberá ao devedor, voluntariamente, informar ao juiz da execução sobre seu patrimônio antecedentemente à deflagração da execução. Sua conduta comissiva (passiva) ou omissiva resultará no acréscimo da conta.

Assim, o processo judicial terá um caminho mais curto, mais efetivo e mais temido, cabendo, contudo, aos Juízes do Trabalho agirem com coragem, serenidade e determinação na condução da execução, priorizando sobremaneira esta medida disciplinar, a fim de implementar uma nova cultura na sociedade, deixando claro ao desobediente ou resistente as severas consequências de tais condutas ou atitudes.

Se o executado permanecer inerte, o juiz da execução mandará apurar os haveres objetos da condenação, intimando-o ao pagamento, agora sob pena de novo acréscimo, ou seja, 10% (dez por cento), sobre o montante da conta, se não houver o pagamento voluntário, consoante dispõe o § 1º do art. 523 do NCPC[3].

Nesta fase, como medida disciplinar e pedagógica, o arbitramento de honorários de advogado em 10% (dez por cento) será de bom grado, tornando-se mais uma coerção legal ao pagamento voluntário, não constituindo nenhuma malquerença à jurisprudência dominante e pacífica do TST, inserta nas Súmulas ns. 219 e 319, isto porque, nesta fase, quem suportará os honorários será o executado, constituindo um novo instrumento para se alcançar o adimplemento do débito exequendo em um prazo razoável.

Todavia, o Direito brasileiro não desconhece o regramento do prazo razoável, eis que, vem disciplinado no art. 8º, n. 1º[4] da Convenção

---

(3) Art. 523. No caso de condenação em quantia certa, ou já fixada em liquidação, e no caso de decisão sobre parcela incontroversa, o cumprimento definitivo da sentença far-se-á a requerimento do exequente, sendo o executado intimado para pagar o débito, no prazo de 15 (quinze) dias, acrescido de custas, se houver.

§ 1º Não ocorrendo pagamento voluntário no prazo do *caput*, o débito será acrescido de multa de dez por cento e, também, de honorários de advogado de dez por cento.

(4) Art. 8º Garantias Judiciais

1. Toda pessoa tem direito de ser ouvida, com as devidas garantias e dentro de um prazo razoável, por um juiz ou tribunal competente, independente e imparcial, estabelecido anteriormente por lei, na apuração de qualquer acusação penal formulada contra ela, ou para que se determine os seus direitos ou obrigações de natureza civil, trabalhista, fiscal ou de qualquer outra natureza.

Americana sobre Direitos Humanos, promulgada pelo Decreto n. 678, 6 de novembro de 1992, no inciso LXXVIII[5] do art. 5º da Constituição Federal e no art. 4º do CPC de 2015.

Esta tem sido uma cláusula de interesse global e que tem especial impacto também no Direito Europeu, pois vem grafada no art. 10[6] da Declaração Universal do Direito do Homem, aqui bem mais especifica para o Direito Criminal, na Convenção Europeia do Direito do Homem, em seu art. 6º n. 1[7], na Constituição da República Portuguesa em seu art. 20, n. 4[8] e, por fim, no art. 2º, n. 1[9] do CPC português.

É tão grave esta questão que, em Portugal e no continente europeu, existem normas específicas que regulam o regime da responsabilidade civil por danos decorrentes do exercício da função jurisdicional, principalmente por erro judiciário. Em Portugal está em vigor a Lei n. 67/2007, de 31 de dezembro.

---

(5) Art. 5º, inciso LXXVIII – a todos, no âmbito judicial e administrativo, são assegurados a razoável duração do processo e os meios que garantam a celeridade de sua tramitação. (Incluído pela Emenda Constitucional n. 45, de 2004)

(6) Art. 10. Toda pessoa tem direito, em plena igualdade, a que a sua causa seja eqüitativa e publicamente julgada por um tribunal independente e imparcial que decida dos seus direitos e obrigações ou das razões de qualquer acusação em matéria penal que contra ela seja deduzida.

(7) Art. 6º/1 – Qualquer pessoa tem direito a que a sua causa seja examinada, eqüitativa e publicamente, num prazo razoável por um tribunal independente e imparcial, estabelecido em lei, o qual decidirá, quer sobre a determinação dos seus direitos e obrigações de caráter civil, quer sobre o fundamento de qualquer acusação em matéria penal dirigida contra ela. O julgamento deve ser público, mas o acesso à sala de audiências pode ser proibido à imprensa ou ao público durante a totalidade ou parte do processo, quando a bem da moralidade, da ordem pública ou da segurança nacional numa sociedade democrática, quando os interesses de menores ou a proteção da vida privada das partes no processo o exigirem, ou, na medida julgada estritamente necessária pelo tribunal, quando, em circunstâncias especiais, a publicação pudesse ser prejudicial para os interesses da justiça.

(8) Artigo 20
(Acesso ao direito e tutela jurisdicional efectiva)
1. A todos é assegurado o acesso ao direito e aos tribunais para defesa dos seus direitos e interesses legalmente protegidos, não podendo a justiça ser denegada por insuficiência de meios económicos.
4. Todos têm direito a que uma causa em que intervenham seja objecto de decisão em prazo razoável e mediante processo equitativo.

(9) Artigo 2º
Garantia de acesso aos tribunais
1 – A proteção jurídica através dos tribunais implica o direito de obter, em prazo razoável, uma decisão judicial que aprecie, com força de caso julgado, a pretensão regularmente deduzida em juízo, bem como a possibilidade de a fazer executar.

Comentando a referida lei, Rui Medeiros[10] traz à colação jurisprudência do Tribunal Europeu dos Direitos do Homem, a qual tem apontado para 3 (três) anos o prazo médio de duração, na primeira instância, e de 4 a 6 anos para a duração global da lide.

Mais adiante, o doutrinador lusitano cita acórdão do Superior Tribunal Administrativo, afirmando que, de fato, sem prejuízo do dever de colaboração processual, é ao Estado, e não às partes, que incumbe garantir que as causas não se eternizem nos tribunais, para tal disponibilizando os meios necessários e regulando o processo de modo adequado.

Todavia, tem-se aferido o comportamento das partes e o interesse delas ao se apurar a razoável duração do processo, sem esquecer de averiguar, também, a eventual complexidade da causa. Por outro lado, o Estado não pode ser considerado culpado por qualquer motivo, decerto que também não pode ser responsabilizado pelo comportamento das partes no decorrer do processo se lançarem mão de expedientes desleais e protelatórios.

Aliás, quem assim age traz para si o ônus de eventual responsabilização por danos morais e materiais, em ação própria, em terras brasileiras, inclusive o próprio patrono poderá ser responsabilizado se tais atos ou condutas forem deduzidas contra a razoabilidade do prazo médio e sua efetividade, isto se tais atos estiverem fora do senso comum e além do direito de defesa, ensejando verdadeiro abuso de direito.

Penso que os atos protelatórios e de extrema má-fé, se produzido em nome de uma das partes, devem vir grifados em cláusula contratual de prestação de serviços como excludente de responsabilidade do patrono, restando evidente que estará agindo em nome do cliente. Caso contrário, estará agindo fora do mandato, eis que, partes e procuradores têm o dever de colaboração com o Poder Judiciário, quer seja pelo dever de lealdade, quer seja pelo dever de boa-fé processual.

Por fim, Rui Medeiros[11] transcreve excerto de acórdão do STA, segundo o qual não é censurável e tem relevância excludente da responsabilidade do Estado por atraso na decisão da causa que as partes lancem mão no processo de todos os meios que a legislação lhes disponibiliza para tutelarem os seus interesses, designadamente suscitando incidentes e interpondo reclamações ou recursos – desde que, bem entendido, não o façam de forma abusiva ou com o intuito predeterminado de atrasar o processo.

---

(10) MEDEIROS, Rui. *Comentário ao Regime da Civil Extracontratual do Estado e demais Entidades Publicas*, 2007. p. 333.

(11) MEDEIROS, Rui. *Comentário ao Regime da Civil Extracontratual do Estado e demais Entidades Publicas*, 2007. p. 334-335.

Geralmente a justificativa de alongamento das causas nos tribunais brasileiros decorre da falta de meios materiais e humanos para se administrar a Justiça de forma adequada e eficiente. Nestas hipóteses, os tribunais portugueses têm se manifestado no sentido de **se os prazos foram cumpridos e, apesar disso, o processo se alongou naqueles termos, é porque o Estado deveria ter providenciado os meios humanos e materiais e a configuração do processo em termos de permitir administrar a justiça em tempo razoável, vindo o Estado ser condenado.** (cfr. o Acórdão do STA-1ª de 05.05.2010, Proc. n. 122/2010 e o Acórdão do STA-2ª de 06.11.2012, Proc. n. 976/2011).

Ferreira de Almeida[12], ao comentar o CPC português, no que pertine ao prazo razoável para o processo civil, entende que esse prazo é aquela medida que medeia entre a data da propositura da ação e o termo final do processo, porém, por atos das partes, estas podem contribuir para o excesso do prazo, o que não poderá se imputar que o atraso seja culpa do Estado. Seria a conduta torpe de uma das partes, configuradora de ato ilícito, capaz de ensejar responsabilidade.

Mas, se, contudo, as partes não tiverem nenhum envolvimento com a dilação do prazo razoável, o Estado será responsável pelo excesso de prazo razoável, nos estritos limites em que a administração da justiça, por atos imputáveis aos seus agentes, ou por quaisquer outras causas de tipo organizacional, não se realizar em tempo devido. É como têm decidido vários Tribunais Constitucionais[13].

---

(12) ALMEIDA, Francisco Manuel Lucas Ferreira de. *Direito Processual Civil*, v. 1, 2010. p. 16.

(13) I – No ordenamento jurídico português vigente, o direito de acesso à justiça em prazo razoável constitui uma garantia inerente ao direito ao acesso aos tribunais e à tutela jurisdicional efetiva, sendo que a infração a tal direito constitui o Estado em responsabilidade civil extracontratual – cfr. arts. 22 da CRP e 6º da Convenção Européia dos Direitos do Homem.

II – O direito de acesso à justiça em prazo razoável assegura às partes envolvidas numa ação judicial o direito de obter do órgão jurisdicional competente uma decisão dentro dos prazos legais pré-estabelecidos, ou, no caso de esses prazos não estarem fixados na lei, de um lapso de tempo proporcional e adequado à complexidade do processo.

III – A mera constatação em abstrato da inobservância dum prazo razoável fixado na lei para a prolação de uma decisão judicial não preenche a previsão dos arts. 20, n. 4, da CRP e 6º, § 1º da Convenção Europeia dos Direitos do Homem e não gera a verificação do requisito da ilicitude.

IV – A apreciação do conceito justiça em "prazo razoável" ou de obtenção de decisão judicial em "prazo razoável" constitui um processo de avaliação que deve ser aferido *in concreto* e nunca *in abstrato,* pelo que, nessa tarefa, não nos poderemos socorrer exclusivamente do que resulta das regras legais que definem os prazos para a prática de atos processuais.

Entendimento igual tem sido seguido pelos Tribunais Administrativos português, por influência do Tribunal Europeu dos Direitos do Homem, sendo de grande valia que também sejam transcritos os excertos dos votos como fonte inspiradora de novos ventos ou tempos para os tribunais brasileiros. É o que colho do Novo Código de Processo Civil português, anotado por Abílio Neto[14]:

> É dado adquirido e consensualizado o de que no plano do ordenamento português vigente o direito de acesso à justiça em prazo razoável constitui uma garantia inerente ao direito ao acesso aos tribunais e à tutela jurisdicional efetiva (arts. 20, n. 4 e 5 da CRP) e que a infração a tal direito, que é extensivel a qualquer tipo de processo (cível, penal, administrativo/tirbutario, laboral etc.), constitui o Estado em responsabilidade civil extracontratual (art. 22 da CRP, 6ª da CEDH em conjugação ou concretizado à data dos fatos em discussão com o DL n. 48.051).
>
> II) O direito de acesso à justiça em prazo razoável assegura às partes envolvidas numa ação judicial o direito de obter do órgão jurisdicional competente uma decisão dentro dos prazos legais pré-estabelecidos, ou, no caso de esses prazos não estarem fixados na lei, de um lapso de tempo proporcional e adequado à complexidade do processo.
>
> III) A apreciação e integração do conceito de justiça em "prazo razoável" ou de obtenção de decisão em "prazo razoável" constitui um processo de avaliação a ter de ser aferido "in concreto" e nunca em abstrato, pelo que, nessa tarefa, nunca nos poderemos socorrer única e exclusivamente do que deriva das regras legais que definem o prazo ou os sucessivos prazos para a prática e prolação dos atos processuais pelos vários intervenientes.

V – A apreciação da razoabilidade de duração dum processo terá de ser feita mediante a análise de cada caso em concreto e numa perspectiva global, tendo como ponto de partida, no caso de uma ação cível declarativa, a data de entrada da ação no tribunal competente e como ponto final a data em que é proferida a decisão final.

VI – Para tal tarefa de avaliação e de ponderação tem-se como adequado o recurso à jurisprudência do Tribunal Europeu dos Direitos do Homem quanto à metodologia para avaliar a razoabilidade da duração dum processo, fazendo uso dos critérios da complexidade do processo, do comportamento das partes, da atuação das autoridades competentes no processo e do objeto do processo, critérios esses que devem ser valorados em concreto atendendo às circunstâncias da causa (AC. TCANorte, de 12.10.2006: Jur. Admi., 60º-82).

(14) ABILIO NETO. *Código de Processo Civil Anotado*, 2015. p. 23-24.

IV) A apreciação da razoabilidade de duração dum processo terá de ser feita analisando cada caso em concreto e numa perspectiva global, tendo como ponto de partida, no caso vertente (uma ação cível declarativa), a data de entrada da ação no tribunal competente e como ponto final a data em que é tomada a definitiva, contabilizando as instâncias de recurso e ainda a fase executiva caso existam.

V) Para tal tarefa de avaliação e de ponderação tem-se como adequado e útil o recurso à jurisprudência do TEDH quanto à metodologia para avaliar a razoabilidade da duração dum processo, mormente fazendo uso dos critérios da complexidade do processo, do comportamento das partes, da atuação das autoridades competentes no processo, do assunto do processo e do significado que o mesmo pode ter para o requerente. Critérios esses que são valorados e aferidos em concreto atendendo às circunstâncias da causa.

VI) No domínio do contencioso em que o mandado judicial seja obrigatório as despesas de justiça e, designadamente, os honorários do advogado, constituem um dano indenizável (Ac. TCAN, de 12.10.2012. Proc. 000064.10.9BELSB.dgsi.Net).

I) Qualquer que seja o critério que se adote, a demora de mais de dezessete anos para efeito de realização de julgamento e de proferimento de decisão em primeira instância, é manifestamente excessiva, ultrapassando em muito os prazos fixados em lei.

II) O direito a uma decisão em prazo razoável tem consagração constitucional no art. 20, n. 4 da Constituição e no art. 6º da Convenção Europeia dos Direitos do Homem, ratificada pela Lei n. 65/78, de 13 de outubro.

III) O direito à decisão da causa em prazo razoável, também referido como direito a uma decisão judicial sem dilações indevidas, direito a uma decisão temporalmente adequada ou direito à tempestividade da tutela jurisdicional, aponta para uma tramitação processual adequada e para a razoabilidade do prazo da decisão, no sentido de a tutela jurisdicional ocorrer em tempo útil ou em prazo consentâneo.

IV) A razoabilidade do prazo deverá ser aferida mediante critérios, como a complexidade do processo, o comportamento do recorrente e das diversas autoridades envolvidas no processo, o modo de tratamento do caso pelas autoridades judiciais e administrativas e as conseqüências da delonga para as partes, entre outros.

V) É de associar o respeito pelo prazo razoável à eficácia e credibilidade da justiça.

VI) A violação do direito à decisão judicial em prazo razoável faz incorrer o Estado em responsabilidade civil, segundo o disposto no art. 22º da Constituição e nos termos do Regime da Responsabilidade Civil Extracontratual do Estado e Demais Entidades Públicas, quer sob a vigência do DL n. 48.051, de 21.11.1967, quer na atualidade, segundo a Lei n. 67/2007, de 31.12.

VII) A responsabilidade civil extracontratual do Estado e demais pessoas coletivas por fatos ilícitos praticados pelos seus órgãos ou agentes assenta nos pressupostos da idêntica responsabilidade prevista na lei civil, com as especialidades resultantes das normas próprias relativas à responsabilidade dos entes públicos, de entre os quais, o fato, a ilicitude, a culpa, o dano e nexo de causalidade devem está presentes (Ac. TCA Sul, de 21.11.2013: Proc, 09424/12.dgsi.Net).

De tudo analisado e estudado, abre-se uma nova porta ou janela para o conhecimento e aprendizado, possibilitando ao cidadão cobrar do Estado maior efetividade e maior presteza na tutela jurisdicional, eis que, o prazo razoável, em suas variáveis, constitui uma cláusula fundamental regulada pelo CPC, o qual, infelizmente, apenas reproduziu o texto constitucional, por isso não especificou e nem estipulou nenhum prazo legal, mínimo ou médio, para o fim do processo judicial. Por isso, a fim de não continuarmos na mesmice, sem nenhum compromisso ou responsabilidade com a cláusula constitucional, achei por bem tornar público e evidente ponto importante do direito comparado.

1.3. PODER-GERAL DE CAUTELA DO JUIZ DO TRABALHO

CLT, art. 765. Os Juízos e Tribunais do Trabalho terão ampla liberdade na direção do processo e velarão pelo andamento rápido das causas, podendo determinar qualquer diligência necessária ao esclarecimento delas.

Antes, porém, de falarmos a respeito da tutela provisória, convém externar, neste preâmbulo, em se tratando de poder cautelar, que o Juiz do Trabalho possui ampla liberdade para utilizar o Poder-Geral de cautela, o qual não passou despercebido pela CLT, como veremos adiante. Dessa forma, mesmo que o NCPC tenha condensado a toda matéria em dezessete artigos – 294/311 – optando pela simplicidade de formas, a CLT possui norma específica acerca do poder-Geral de cautela e das providências cautelares, as quais devem ser lembradas sempre que houver urgência ou necessidade de alguma providência de natureza cautelar, embora necessite de alguma complementaridade do NCPC.

Por isso, entendo oportuno falar sobre os poderes do Juiz do Trabalho, em matéria cautelar, haja vista o conteúdo do art. 765 da CLT.

Na legislação adjetiva anterior (1939), não havia norma expressa sobre o Poder-Geral de Cautela conferido ao julgador, fato que motivou a doutrina a encontrar uma saída, dentre elas a de que *a tradição brasileira sempre foi de atribuir ao magistrado o poder de conceder medidas cautelares antes mesmo do intento da ação principal*, fato corrigido pelo Código de Processo Civil de 1973, haja vista a literalidade do art. 798 do mesmo Código.

O poder discricionário do juiz em conhecer, avaliar e conceder medidas cautelares a fim de prevenir lesão, ameaça ou abuso no exercício do direito protegido é sempre inerente à função jurisdicional do magistrado, sendo-lhe indissociável de seu mister. Aqui, o magistrado analisa o estado de periclitância do direito, jungido à previsibilidade de lesão, dano ou mera ameaça, devendo assenhorear-se da aguda divisa entre o arbitrário e o discricionário.

Sobre o poder discricionário o professor Manoel Antonio Teixeira Filho, citando GALENO LACERDA transcreve que:

> A notável liberdade discricionária que a lei concede ao juiz para adotar as medidas atípicas mais adequadas para conjugar a situação de aprêmio representa, a nosso ver, o momento mais alto e amplo da criação do direito concreto pela jurisprudência, em sistema codificado, de direito continental, como o nosso. Claro que o juiz não cria, aí, o direito material abstrato. Mas as providências variadas e imprevisíveis, imposta pela força dos fatos, fazem com que os decretos do magistrado assumam o caráter de normas e imperativos concretos de conduta, que significam, na verdade, autêntica obra de descoberta e criação singular do direito, emanada do fato, colada ao fato, nascida para o fato. Nesta perspectiva, rasga-se a imagem tradicional do juiz preso e manietado do sistema continental, e dá-se ao juiz moderno dos países codificados o mesmo horizonte criador e novo do pretor romano e dos magistrados anglo-americanos. O diretor cautelar, se nos permite o neologismo, a todos nivela, aos juízes de todos os tempos e lugares, acima da História e dos sistemas diversificados de elaboração jurídica, numa identidade imposta pelas necessidades permanentes e universais de proteção direta e imediata do homem contra a ameaça, o perigo, o risco, o conflito (TEIXEIRA FILHO, 1989, 121-122 *apud* LACERDA, 1981, p. 136).

Em que pese o CPC de 1973 falar no seu art. 798 que tais medidas podem ser manejadas **antes do julgamento da lide**, não traduz a sua literalidade em cláusula proibitiva ao poder-geral de cautela no curso e durante o julgamento do processo ou no processo de execução, pois como dito acima, constitui tradição do direito brasileiro dotar o magistrado de poderes especiais para decidir sobre questões imprevisíveis e atentatórias à jurisdição. A generalidade da norma processual dá ao juiz uma certa liberdade para reprimir investidas contra o processo, o inocente ou contra o próprio Estado-juiz. Pensar de forma restritiva ou radical é o mesmo que fissurar o Direito enquanto norma geral e coletiva.

O poder-geral de cautela, a partir da Constituição de 1988, passou a integrar o rol dos Direitos e Garantias Fundamentais do nosso Estado Democrático, pois consta no inciso XXXV do art. 5º um óbice intransponível dirigido ao legislador, derivado e infraconstitucional, no sentido de que *a lei não excluirá da apreciação do Poder Judiciário lesão ou ameaça a direito*, integrando as conhecidas cláusulas pétreas ou núcleo encouraçado da CF.

O NCPC, em seu art. 3º[15], reproduziu *ipsis litteris* a norma constitucional. Aí reside a outorga constitucional e infraconstitucional do poder-dever de todo magistrado em conhecer, conceder, denegar ou revogar as tutelas de urgências e medidas liminares, consoante a sua discricionariedade, jungida às peculiaridades, aos fatos ou até a fortes indícios de ameaça, lesão ou turbação.

Ora, a Constituição fala em **lesão ou ameaça a direito**, donde exsurge cristalino o poder discricionário outorgado aos magistrados, principalmente em se tratando de ameaça, fato muitas vezes velado e presente apenas entre as partes litigantes, restrito ao subjetivismo de cada uma, é dizer: enquanto uma afirma a sua existência (da ameaça) a outra nega veementemente. Ao juiz sobra analisar os fatos, os meros indícios, competindo-lhe, neste último caso, avaliar a oportunidade e conveniência da medida, além de notar os pressupostos intrínsecos das cautelares.

Em se tratando de **lesão**, no campo dos fatos, ela se mostrará mais palpável, mais verossímil e mais confortável ao juiz, por não exigir prova inequívoca dos fatos postos em juízo, mas apenas colher alguma probabilidade a ensejar risco ou dano potencial a alguém ou aos seus bens, que justifique a concessão da liminar.

O processo judicial é um poderoso meio de que dispõe o Estado Democrático de Direito para dar a cada um o que é seu, tendo sido pensado para atender todas as necessidades jurídicas do homem. No entanto, com o

---

(15) Art. 3º Não se excluirá da apreciação jurisdicional ameaça ou lesão a direito.

passar do tempo, a sociedade vem sofrendo profundas mudanças sociais, no mundo do trabalho, no meio comercial, no âmbito familiar e interpessoal. Na esteira de tais mudanças, a sociedade passou a exigir mais celeridade e efetividade do processo judicial, razão pela qual houve a necessidade de se por um remendo novo nos Códigos velhos, surgindo assim as ações de caráter mandamental, as medidas cautelares, as medidas liminares e as medidas antecipatórias, inclusive com providências de natureza cautelar.

O homem moderno adotou, como estilo de vida, o egocentrismo exacerbado, passou a importar-se tão somente com sua vida, e, quando muito, com a de seus familiares. O individualismo e o egoísmo passaram a dirigir a vida de muitos, o que foi criando um verdadeiro fosso entre pessoas, uma vez que a competitividade desmedida também passou a ser o farol para a acumulação cada vez maior de desigualdades. O homem passou a ser seu próprio adversário.

O resultado de todo este comportamento vem se traduzindo nas estatísticas forenses, porquanto a excessiva litigiosidade é, muitas das vezes, fruto da falta de bom-senso, solidariedade, respeito e tolerância com o outro, cujas faltas abarrotam o Poder Judiciário de demandas, tornando-o ineficaz e débil na entrega da tutela jurisdicional em tempo razoável.

O Poder Judiciário, anualmente, recebe milhões de novas causas, fato que consome seus membros à exaustão, portanto, o procedimento do processo judicial não suportou tanta pressão e tanta demanda, emergindo, destarte, a obesidade do procedimento. Como escape restam, então, as medidas de urgências e as liminares. Quem ganha e quem perde? Todos, isto porque quem reclama não tem seu direito restaurado e quem viola as normas suporta o alto custo da demora.

O Poder-geral de cautela precisa afetar, urgentemente, o processo de execução, exatamente por isso o juiz é dotado de poderes para determinar um fazer, um não fazer, ordenar a guarda de pessoas e bens, impor multas, caução, remoção, bloqueio, inclusive o eletrônico, além de reprimir ou prevenir danos ao patrimônio ou às pessoas. No entanto, não podemos esquecer a verdadeira finalidade do processo cautelar, cuja natureza é eminentemente instrumental e assecuratória, afastando situações de perigo que possam afetar a utilidade do processo principal.

No Processo do Trabalho existem poucas possibilidades de o juiz conceder medidas liminares no caso de transferência malévola do empregado e, na hipótese de dispensa de dirigente sindical, mas por força do art. 765 c/c. art. 769, ambos da CLT, o juiz do trabalho conhece de todas as medidas cautelares e de todas as medidas liminares de urgências e antecipatórias.

Analisando amiúde o art. 765 da CLT, extraio dele algumas locuções de extraordinário impacto no processo trabalhista, que se bem utilizadas e administradas darão ao intérprete ampla liberdade para determinar quaisquer diligências necessárias.

O processo do trabalho adotou, desde o seu nascedouro, o modelo sincrético, recentemente também copiado pelo NCPC, donde advém a singeleza de suas formas e sua lepidez, mas não escapou da atecnia do legislador, pois aqui, como se vê no art. 798 do CPC de 1973, que disse menos do que realmente deveria dizer.

A CLT fala em diligências, e o CPC fala em medidas provisórias, mas creio que a doutrina soube muito bem identificar e externar a essência de ambas as normas, haja vista inexistir na lei expressões inúteis.

Ora, na essencialidade, o art. 765 da CLT confere aos juízes do trabalho **ampla liberdade** na direção do processo, os quais **poderão determinar quaisquer providências** que julgarem adequadas, quer seja no processo de conhecimento, quer seja no processo de execução, porquanto tratam-se de providências de natureza cautelar, que conferem ao juiz do trabalho um poder discricionário infinitamente maior e mais abrangente do que a norma do CPC. Neste ponto, reside a fonte, o conteúdo, a pujança e simplicidade do Poder-geral de cautela do juiz do trabalho. Exatamente por isso, falei, alhures, da aguda divisa entre o arbitrário e o discricionário. *Ademais, quem possui ampla liberdade de dirigir o processo, obviamente, tem poderes para determinar qualquer diligência nele, circunstância de inferior impacto, ante as providências de natureza cautelar à sua disposição.*

Esta realidade fica mais evidenciada no processo de execução trabalhista, por força da imperatividade do art. 889, celetista, que autoriza, em caso de omissão da CLT ou havendo incidentes na execução, que o Juiz do Trabalho utilize, em primeiro lugar, a Lei dos Executivos Fiscais como fonte subsidiária, e, em segundo, o art. 1º da própria LEF, o CPC.

Analisando, então, a Lei n. 6.830, de 22 de setembro de 1980, encontro no art. 7º, III, que o despacho do juiz da execução importa em ordem de arresto, se o executado não tiver domicílio ou dele se ocultar, no entanto, isto não quer dizer que o processo de execução ficou refém, tão somente, da Medida Cautelar Típica de Arresto, ainda assim de forma míope e amputativa, isto porque não se trata de norma fechada e obtusa, todavia, isto não quer dizer que o processo de execução trabalhista ojeriza o Poder-Geral de Cautela, como, aliás, coincide com as palavras do prof. Manoel Antonio Teixeira Filho[16]:

---

(16) TEIXEIRA FILHO, Manoel Antonio. *As ações cautelares no processo do trabalho*, p. 127.

Fechado o acesso a essa medida típica, abre-se-lhe, em contrapartida, ampla oportunidade para invocar o poder geral de cautela do juiz, com intuito de obter um decreto de indisponibilidade de certo número de bens do réu-empregador, como talentosa estratégia processual para assegurar a futura execução da sentença. A providência inominada permitir-lhe-á alcançar o mesmo resultado prático que teria conseguido, caso pudesse ter utilizado a cautelar do arresto.

Pois muito bem. Segundo norma processual civil, o executado tem o dever de informar ao juiz da execução onde se encontram os seus bens passíveis de execução, norma que se tornou vazia em face da reiterada omissão do executado em cumpri-la voluntariamente.

Ora, a finalidade da lei dos executivos é de prevenir a execução contra atos desleais ou de má vontade do executado, portanto, tratando-se, por exemplo, de acordo não cumprido ou esvaído o prazo de 48h após a citação, no meu entender, o juiz da execução pode e deve lançar mão de todos os meios assecuratórios para prevenir a execução de futuras e ardilosas manobras chincaneiras, determinando, de logo, do bloqueio eletrônico ou o arresto de bens da sociedade demandada ou de seus sócios. Mas, como fazer? De ofício? Por simples despacho? No mesmo processo?

Disse algures que o Processo do Trabalho, desde o seu nascedouro, adotou o modelo sincrético, ou seja, fundiu em um único processo dois ou mais procedimentos, fato rotineiramente que se constata em uma simples Reclamação Trabalhista, em face de percorrer diversos procedimentos: ordinário, sumaríssimo, cautelar, executivo etc.

Destarte, não é nenhum escândalo, no processo de execução, o juiz utilizar-se **de ampla liberdade** para determinar qualquer **providência de natureza cautelar** que entender necessária e cabível na persecução de bens passíveis de expropriação, inclusive o arresto, por simples despacho de conteúdo decisório, inclusive de ofício para evitar a periclitância da execução, em homenagem ao art. 878 da CLT.

Constitui dever do Juiz do Trabalho velar pelo andamento rápido das causas trabalhistas, isto não é uma norma vazia ou programática e apenas direcionada ao procedimento ordinário. Ela é efetiva e dirigida a todos, principalmente ao processo de execução.

Um juiz que se preocupa apenas em prolatar sentenças no rito ordinário e não cuida ou vela da execução, não exerce em sua totalidade o seu sublime papel de pacificador ou de restaurador do direito social. Aliás, hodiernamente, muito se fala em duração razoável do processo e em meios que garantam a sua celeridade. Este viés também foi ressaltado pelo NCPC em seus arts. 4º e 6º, os quais enaltecem o princípio da celeridade e reafirmam que o processo judicial deve ter início, meio e fim, *já que a todos são assegurados uma duração razoável do processo.*

> NCPC
>
> Art. 297. O juiz poderá determinar as medidas que considerar adequadas para efetivação da tutela provisória.

Já o NCPC optou pela forma sintética e simples, estratificando o Poder-Geral de Cautela em uma única frase, afirmando, em seu art. 297[17], que o juiz poderá determinar as medidas que considerar adequadas. O legislador de 2015 confiou ao juiz moderno grande medida de confiança e responsabilidade, deixando sob sua prudência o dever de efetivar, resguardar e prevenir o direito violado ou lesado.

Sobra, pois, reconhecimento e merecido voto de fidúcia, certeza e convicção do legislador infraconstitucional ao Poder Judiciário brasileiro, ao conferir-lhe uma cláusula geral de verdadeiro guardião da concretude da tutela provisória e, porque não dizer do direito processual, em estrita sintonia com os ditames da duração razoável do processo. Com essa cláusula aberta se possibilitará ao magistrado maior conforto para se movimentar em um ambiente muito desfavorável e impregnado de má vontade e resistência de uma das partes, a qual insiste em não respeitar o direito do outro. Por isso, o Estado-juiz precisa estar bem escudado para inibir, assim que provocado, qualquer agressão à paz social, familiar, societária, religiosa, negocial, consumerista ou no campo dos contratos, do direito imobiliário e do trabalho etc.

Ainda como parte indissociável da cláusula geral de cautela, nos limites da razoabilidade e da legalidade, o juiz poderá determinar, entre outras medidas, a imposição de multa, a busca e apreensão, a remoção de pessoas e coisas, o desfazimento de obras e o impedimento de atividade nociva, podendo, caso necessário, requisitar o auxílio de força policial.

Toda essa discricionariedade está umbilicalmente ligada ao Poder-Geral de Cautela, de forma indissociável e intestina, qualificando, ainda mais, o

---

(17) Art. 297. O juiz poderá determinar as medidas que considerar adequadas para efetivação da tutela provisória.
Parágrafo único. A efetivação da tutela provisória observará as normas referentes ao cumprimento provisório da sentença, no que couber.

juiz brasileiro como autor importante de uma época, sendo certo e evidente que esta qualificação tem como finalidade instrumentar o sacerdócio da servidão, ou seja, o poder outorgado ao juiz deve ser utilizado em proveito do outro e não para ressaltar a sua figura, a sua importância ou sua autoridade. O magistrado estará a serviço da nação, do povo e das instituições. Jamais poderá utilizar de tais meios para oprimir, injustiçar, humilhar ou envaidecer-se, agindo por arbítrio ou tirania.

1.4. TUTELA PROVISÓRIA

NCPC

Art. 294. A tutela provisória pode fundamentar-se em urgência ou evidência.

Parágrafo único. A tutela provisória de urgência, cautelar ou antecipada, pode ser concedida em caráter antecedente ou incidental.

Art. 297. O juiz poderá determinar as medidas que considerar adequadas para efetivação da tutela provisória.

Parágrafo único. A efetivação da tutela provisória observará as normas referentes ao cumprimento provisório da sentença, no que couber.

Art. 296. A tutela provisória conserva sua eficácia na pendência do processo, mas pode, a qualquer tempo, ser revogada ou modificada.

1.4.1. *Introdução*

É elogiável a linguagem de fácil entendimento utilizada pelo novo CPC. Enfim, o erudito deu lugar à simplicidade de fala e de formas, cuja intenção é tornar clara a comunicação entre criador e criatura. A lei tem por fonte o povo através do voto popular, por isso, em respeito a esta máxima, o legislador preocupou-se em fazer uma lei para o seu povo, respeitando o seu grau de percepção, em face da imensidão territorial do nosso país.

O novo CPC fundiu, em único artigo, todas as medidas de urgências e evidência, facilitando a apreensão e o estudo, para em seguida, minudenciar o que venha a ser tutela provisória de urgência e de evidência, e, nos seus doze artigos seguintes – 300/311 – trata do assunto de forma particularizada e individualizada.

Com a evolução da vida em sociedade, a relação entre pessoas sofreu profundas mutações, a ponto de hoje o tempo impactar de forma intensa e negativamente em nossas vidas. Tudo é urgente e deve ser resolvido imediatamente. As informações circulam com espantosa rapidez. A forma instantânea de comunicação também é assustadoramente veloz.

Este estilo de vida estressante, estafante e alucinante da sociedade moderna não passou despercebida ao processo judicial, eis que também fora contaminado com o vírus da imediatidade. O Poder Judiciário, sendo uma espécie de pulmão da vida em sociedade, absorveu, como uma esponja, intensa litigiosidade do meio em que está inserido, transformada em milhares de processos.

O resultado não poderia ser outro: a implosão do sistema de justiça brasileiro. Ele não conseguiu dar vazão a tanta animosidade em um tempo razoável, tornando-se intempestivo na entrega do serviço judicial, e fora das exigências da vida moderna. Por conseguinte, o grito ecoou e encontrou ressonância entre juristas, magistrados e congressistas, os quais identificaram o inimigo do povo: o destempo do processo judicial.

Vencida a eficiência do Poder Judiciário pelo tempo, eis que o processo judicial consumia-o em demasia até proferisse uma decisão, pois suas decisões definitivas não mais representavam a reparação tempestiva do tecido social afugentado, lesado, ameaçado ou simplesmente aflito e angustiado, passou, então, a proferir decisões provisórias em curto espaço de tempo.

Embalado pelo sofrimento humano e seus dramas, fomos jungidos, coercitivamente, a mitigar o contraditório, já que as necessidades de muitos sobrepuseram-se às necessidades de poucos ou de um indivíduo. Com isso, o direito positivo brasileiro entra de vez no uso das tutelas provisórias antecedentes e satisfativas.

Oportuna lição de THEODORO Júnior:

> Primitivamente, nosso direito processual civil, salvo raríssimos procedimentos especiais (como, v. g.., os interditos possessórios e o mandado de segurança), só regulava a tutela de urgência, voltada para fins conservativos (medidas cautelares). Preservavam-se, por seu intermédio, bens necessários para que o futuro provimento principal (ou de mérito) não caísse no vazio, por perda ou extravio do bem jurídico para o qual se pleiteava a tutela definitiva (CPC/1973, art. 796 e ss.). Na reforma de 1994, porém, a Lei n. 8.952 introduziu no CPC de 1973 a possibilidade de que a tutela de urgência (i,e., a prevenção contra o perigo da demora do processo principal) pudesse também ser utilizada para fins satisfativos provisórios do direito subjetivo material do demandante (medidas antecipatórias) (2015, p. 228).

1.4.2. Tutela de Urgência

NCPC

Art. 294. A tutela provisória pode fundamentar-se em urgência ou evidência.

Parágrafo único. A tutela provisória de urgência, cautelar ou antecipada, pode ser concedida em caráter antecedente ou incidental.

1.4.2.1. Tutela cautelar de urgência

Alcançamos uma trégua e um resfolegar para o processo judicial e o sistema de justiça brasileiro, agora embalados pelo NCPC, já em plena vigência. Mas, o que muda? Vários detalhes importantes. Ei-los:

Consoante abstraio do parágrafo único do art. 294, supracitado, o NCPC fundiu num mesmo artigo a tutela de urgência – subdividindo-a em conservativa (medidas cautelares) e satisfativa (tutela antecipatória) – e a tutela de evidência, a qual nos deteremos mais adiante.

Vejamos, pois, a tutela de urgência em sua dupla face: cara e coroa, representando, a primeira, as medidas cautelares, por serem típicas da jovialidade da pressa e da imaturidade; já a segunda é mais adequada à tutela satisfativa, que exigirá mais equilíbrio e maturidade para sua estabilidade.

Não temos, todavia, a pretensão de exaurir os institutos em apenas um capítulo. Isto cabe aos doutos e especialistas no assunto.

A primeira observação que se deve sublinhar, por obviedade, é que são medidas provisórias. Apesar disso, conservam a eficácia durante o processo, mas podem, a qualquer tempo, ser revogadas ou modificadas em decisão fundamentada, devendo o magistrado deixar clara a sua motivação, não havendo espaço para impressões pessoais e nem para aplicar simplesmente o jargão forense de falta de *periculum in mora* e *fumus boni iuris*, para revogá-las ou modificá-las, isto em nome da segurança jurídica, já que eles serão requisitos comuns para a tutela de urgência conservativa e satisfativa, exigindo do juiz convincente fundamentação.

A partir de março de 2016 passamos a trabalhar com (um) rito sincrético das medidas de urgência, isto porque o NCPC achou por bem fundi-las em um único procedimento, inclusive no mesmo processo. Doravante, o autor da medida poderá escolher se faz tudo em uma única petição ou se requer apenas a medida cautelar antecedente (antiga preparatória), para, então, aditar a sua inicial e adequá-la à lide, trilhando o sistema processual civil brasileiro o modelo italiano. Vejamos o que disse o professor THEODORO JÚNIOR[18], ao analisar as tutelas de urgência, já no novo CPC:

> A partir dessa unidade de causa e de método, o direito italiano inclui na mesma categoria de medidas cautelares tanto as conservativas como as satisfativas. Se todas nascem da urgência de evitar uma situação perigosa e se todas deságuam em medidas provisórias, sujeitas a mutações segundo o resultado final do processo principal, não há mesmo razão para não incluí-las todas no gênero comum da tutela de urgência.
>
> Também no direito brasileiro a tutela de urgência – a que pertencem tanto as medidas cautelares conservativas como as medidas antecipatórias satisfativas – pode ser caracterizada como "a atuação célere do Estado, conferindo ao jurisdicionado uma proteção imediata ao seu direito, de forma a impedir que este se perca ou não possa ser futuramente exercitado de modo eficaz". É o fim comum de assegurar, por via de tutela diferenciada, a efetivação do processo, combatendo os males do tempo sobre o processo, que unifica a tutela de urgência, submetendo a princípios comuns as medidas conservativas e as antecipatórias.

Não é despiciendo lembrar que as medidas cautelares não perderam a sua natureza, essencialidade, finalidade e utilidade precípuas de prevenir, garantir e preservar direitos, pois continuarão assegurando a viabilidade do processo principal, por isso será de extrema valia que o autor da medida especifique, de forma clara e precisa, a sua utilidade (da tutela cautelar), a fim de viabilizar a apreensão pelo magistrado da sua pretensão. Deve deixar clara a natureza cautelar reivindicada, sob pena de vulgarização do instituto e de má-formação congênita na elaboração da inicial, tornando-a enfadonha, a ponto de se degenerar a tutela cautelar, transformando-a em um abscesso maligno e defeituoso, inviabilizando ou dificultando a obtenção de uma resposta adequada, efetiva e célere. Restando evidente inépcia do pedido.

Esta preocupação também não passou despercebida de Ovídio Batista[19], ao estudar as Medidas Cautelares:

---

(18) THEODORO JÚNIOR, Humberto. *As tutelas de urgência no velho e no novo CPC*. In: SARRO, Luís Antonio Giampaulo. *Novo Código de Processo Civil*: Principais Alterações do Sistema Processual Civil, 2015. p. 229-230.

(19) SILVA, Ovídio A. Batista. *Do processo cautelar*. Rio de Janeiro, 1999. p. 5-6 e p. 14.

As liminares manejadas por juízes desatentos, ou insuficientemente preparados para o exercício dessa forma delicada de tutela processual, poderão ser campo aberto a toda sorte de desvios de poder e abusos contra interesses respeitáveis do outro litigante que, eventualmente, pode sofrer as conseqüências irremediáveis dessas provisões satisfativas, de cunho irreversível. Mesmo assim, é necessário estabelecer, criteriosamente, a natureza, função e limites da tutela cautelar, de modo a preservá-la dos abusos que a sua utilização inadequada podem causar.

Em resumo, mediante uma longa e persistente elaboração doutrinária, passou-se a considerar a tutela cautelar como proteção contra a morosidade do procedimento ordinário. Entendemos, portanto, que a questão atual com que a ciência processual se depara, a exigir solução, diz respeito à necessidade de estabelecer-se a distinção entre os provimentos antecipatórios, de cunho satisfativo – por meio dos quais o Direito encontra realização, ainda que provisória – e os verdadeiros provimentos cautelares, de modo que se possa controlar o emprego de ambas as categorias, evitando que os primeiros invadam o campo peculiar aos últimos, mesmo porque, como pondera Rosenberg (Tratado, vol. 3º, § 214, I, 2), as provisionais satisfativas deveriam ser outorgadas como solução de direito estrito, nos limites em que o ordenamento jurídico as preveem e autorizam.

Da mesma forma, o também professor TEIXEIRA FILHO[20], falando sobre a pretensão cautelar, deixa claro que:

> Há, portanto, uma pretensão à segurança, de inegável autonomia em face das demais modalidades de pretensões, a justificar a existência de um processo de correspondente especificidade.

Assim, avulta a importância de se revelar, com clareza solar, a pretensão cautelar quando do ajuizamento da demanda, principalmente porque a função garantidora da cautelar não pode ser esquecida e nem deformada na petição inicial. Por isso, mais uma vez, entendo pertinente e oportuno ressaltar preciosa lição do professor TEIXEIRA FILHO[21], acerca da pretensão cautelar:

---

(20) TEIXEIRA FILHO, Manoel Antonio. *Curso de direito processual do trabalho*, vol. III, 2009. p. 2346.

(21) *Idem, ibidem.*

A segurança pode ter como **objeto a prova** (produção antecipada, exibição, protestos, notificações, interpelações etc), **os bens** (arresto, seqüestro, caução etc.), **as pessoas ou coisas** (busca e apreensão), **a conservação de direitos e a exteriorização da vontade** (protestos, notificações, interpelações), **a repressão a atos ilegais ou irregulares** (atentado), apenas para indicarmos as cautelares que incidem no processo do trabalho e sem prejuízo de referência às inominadas, de larga aplicação nesse processo especializado, cujo objeto não é possível sistematizar, em virtude da plasticidade finalística inerente a essas ações atípicas. (grifo nosso)

1.4.2.2. Requisitos

O art. 300 do NCPC proclama que a tutela de urgência será concedida quando houver elementos que evidenciem a **probabilidade do direito** e o **perigo de dano ou o risco ao resultado útil do processo**.

O novo Processo Civil brasileiro uniformizou os requisitos para a concessão da tutela de urgência. Portanto, simplificou tais requisitos e os reduziu. Mas, tais requisitos não são estranhos aos juristas e nem ao dia a dia de quem lida com fatos e dramas humanos. Por oportuno, chamo à colocação, mais uma vez, lição do professor Ovídio Batista[22]:

> Se, com efeito, investigarmos a genealogia dos conceitos de que a doutrina moderna se vale para definir a tutela cautelar (*fumus boni iuris e periculum in mora*), logo veremos que essas duas categorias não definem, absolutamente, a cautelaridade. No que diz respeito à primeira, é sabido que as variadas e entre si diferentes formas de tutela processual baseadas em cognição sumária determinam que o julgador trate o direito litigioso tendo-o apenas como verossímil (*fumus boni iuris*), de modo que este pressuposto é genérico para qualquer causa sumária. Quanto ao outro (*periculum in mora*), sua ligação com a ideia de aceleração procedimental é inocultável, o que significa dizer que, aqui, a urgência decorre da lentidão própria do procedimento ordinário, contra a qual se concebe o tratamento diferenciado da causa que, todavia, embora encurtada, continua ordinária.

Como dito alhures, o processo cautelar tem por finalidade resguardar ou garantir um fim útil ao processo principal, pois dissemos que sua utilidade

---

(22) SILVA, Ovídio A. Batista. *Do processo cautelar.* Rio de Janeiro, 1999. p. 13.

precípua é prevenir, garantir e preservar direitos. Sempre que o magistrado estiver diante de uma situação em que houver alguma possibilidade de o resultado final ser comprometido pelo tempo, tornando a sua **efetividade sem nenhum efeito, em vão, de nenhuma valia**, estará, então, diante de uma pretensão cautelar, estando, destarte, autorizado a concedê-la.

Estamos em sede de cognição sumária, breve, urgente e inadiável, donde ressai a assertiva de que não se estar diante de um juízo de certeza, mas de mera probabilidade, a qual deve estar jungida por elementos que evidenciem que o direito a ser protegido corre risco e dano, de não ser efetivado se se aguardar o natural deslinde da demanda, através de uma cognição exauriente. Importante frisar que a nova lei deixa bem claro que a proteção cautelar é ao direito em perigo, e, em última análise, ao sucesso da demanda, preservando a integridade do processo judicial.

Colho da doutrina do professor Ovídio Batista[23] que:

> O juízo de simples verossimilhança desempenha, em verdade, uma função de relevância mais profunda, relativamente à função cautelar e, de modo geral, com relação a todo fenômeno jurisdicional. Pode-se dizer que o juízo de mera plausibilidade do direito para cuja proteção se invoca a tutela de segurança é não apenas pressuposto mas igualmente limite desta modalidade especial de atividade jurisdicional. Com efeito, a proteção cautelar não pressupõe somente a simples aparência do direito a ser tutelado, mas exige que ele não apareça ao julgador como uma realidade evidente e indiscutível.

Juízo de probabilidade é aquele motivo ou indício que deixa presumir-se a verdade ou a possibilidade de um fato, ou seja, a velha verossimilhança, também traduzida em cognição superficial. Assim, havendo elementos capazes de evidenciar perigo, dano ou risco é o quanto basta para se admitir a intervenção judicial a fim de se afastar tais evidências danosas, não como sinônimo de certeza, mas de mera probabilidade.

Destaco, a propósito, lição de Alexandre Freitas Câmara[24]:

> Por tal razão, a concessão da medida cautelar não pode estar condicionada à demonstração da existência do direito substancial afirmado pelo demandante, devendo o Estado-Juiz contentar-se com

---

(23) SILVA, Ovídio A. Batista. *Do processo cautelar.* Rio de Janeiro, 1999. p. 69.
(24) CÂMARA, Alexandre Freitas. *Lições de Direito Processual Civil*, 2005. p. 35-37.

a demonstração da aparência de tal direito. A exigência de certeza quanto a existência do direito substancial para que se pudesse prestar a tutela cautelar tornaria a mesma um instrumento absolutamente inútil.

Cabe ao Estado-Juiz, portanto, verificar a probabilidade de existência do direito afirmado pelo demandante, para que se torne possível a concessão da medida cautelar. É de se referir, aliás, que o *fumus boni iuris* estará presente, no caso concreto, toda vez que se considerar provável que as alegações de fato feitas pelo demandante venham a ter sua veracidade demonstrada no processo judicial. Além disso, é de bom alvitre afirmar que o *fumus boni iuris* não se apresenta, apenas, como requisito da tutela jurisdicional cautelar, sendo presença necessária para a concessão de qualquer modalidade de tutela jurisdicional sumária (como, *e.g.*, a tutela antecipatória prevista no art. 273 do CPC).

De fato, a regra do art. 300 do NCPC prescreve os mesmos requisitos, tanto para a tutela cautelar de urgência quanto para a tutela antecipatória, restando evidente que o legislador priorizou a cognição sumária à exauriente, principalmente em se tratando de tutela a salvaguardar o processo principal de **perigo à sua efetividade**.

A finalidade do legislador é clara em tutelar o direito de meios capazes de afastar possíveis perigos, danos ou riscos ao direito material e ao êxito do processo principal. Mas, a lei fala em perigo de dano e risco ao resultado útil do processo. No meu pensar, o perigo de dano ao processo está intimamente ligado ao perigo, à sua efetividade, eis que, se não atendida a pretensão de forma antecedente, comprometerá a sua praticidade e eficácia. Além disso, nos ensina Alexandre Câmara[25], "não é o risco de um dano qualquer que autoriza a concessão da medida cautelar: *é preciso que se trate de risco de dano iminente, grave, de difícil ou impossível reparação*" (grifo nosso).

O tempo é sempre um grande inimigo para se alcançar a tutela final, tendo em vista que todo processo judicial deve guardar rígido respeito ao devido processo legal e à ampla defesa, o que o torna naturalmente vagaroso, pois o tempo será sempre seu aliado, haja vista a necessidade de oitiva das partes, suas testemunhas, de se analisar os documentos dos autos, e, por fim, proferir a primeira decisão de mérito, a qual poderá percorrer longa estrada nos tribunais.

---

(25) *Idem. Op. Cit.* p. 40.

Mais uma vez, chamo a atenção para a lição do professor Ovídio Batista[26], quando sintetiza a nossa impotência contra o tempo, sendo ele um verdadeiro adversário tanto ao processo, quando à vida:

> Sucede, porém, que o tempo é um fator ineliminável em qualquer ordenamento jurídico real. Como antes dissemos, a ideia de processo não se concilia com a instantaneidade. As leis processuais poderão reduzir os inconvenientes que o tempo provoca, inevitavelemte, na vida dos direitos, procurando afeiçoá-las às exigências dos casos concretos, porém, jamais poderão suprimir inteiramente o fator temporal.

Por isso, o risco de dano é real ao resultado útil do processo, razão pela qual se deve identificar, com maior precisão, clareza e certeza, a natureza da tutela de urgência: se cautelar ou antecipatória, a fim de possibilitar ao magistrado a apreensão das angústias, aflições e dramas da tutela de urgência, porquanto o tempo urge, inclusive para o magistrado, que terá de identificar, também, com clareza e precisão, o perigo da demora.

Alexandre Câmara[27] nos dá uma auspiciosa noção de como identificar tutela cautelar e a tutela antecipatória:

> O primeiro dos tipos de *periculum in mora* corresponde às situações de perigo para a efetividade do processo principal, já que este não seria frutuoso (ou seja, não produziria bons resultados). Para estes casos, adequada será a tutela cautelar. O segundo tipo de *periculum in mora* **é o perigo de morosidade, em que se verifica a existência de risco de dano para o direito substancial, caso em que será adequada a tutela antecipatória.** Assim sendo, toda vez que houver fundado receio de que a efetividade de um processo venha a sofrer dano irreparável, ou de difícil reparação, em razão do tempo necessário para que possa ser entregue a tutela jurisdicional nele buscada, estará presente o requisito do *periculum in mora*, exigido para a concessão da tutela jurisdicional cautelar. (destaque nosso).

Mas, verdadeiramente, corre-se o risco de a vitória obtida em primeira instância, ou até na segunda, transformar-se em verdadeira negação de justiça e de reparo ao tecido social agredido e violentado, eis que, o tempo gasto em cada instância é por demais desarrazoável, o que acaba minando

---

(26) SILVA, Ovídio A. Batista. *Do processo cautelar.* Rio de Janeiro, 1999. p. 71.
(27) CÂMARA, Alexandre Freitas. *Lições de Direito Processual Civil*, 2005. p. 39.

as forças do autor da demanda, e, aos poucos, também vai sugando a sua esperança e matando-lhe de desgosto, desilusão e de profunda decepção e pesar com o sistema de justiça brasileiro.

Como forma de amenizar a angústia pela espera de um resultado final, o legislador, a jurisprudência e a doutrina elegeram formas sumárias de cognição a fim de proporcionar um refrigério àquele que teve seu direito violado, lesado ou simplesmente ameaçado, por isso, consentimos com o pensamento do professor Ovídio Batista[28] quando diz que "a tutela cautelar deve submeter-se à contingência de tutelar a aparência do direito porque a investigação probatória exauriente provocaria sua irremediável destruição ou uma redução significativa em sua utilidade prática".

Não é demais anunciar que a tutela de urgência pode ser concedida liminarmente ou após oitiva da parte contrária. É aconselhável fazê-lo sempre que houver dúvida ou algo a ser esclarecido, caso a demanda não consiga traduzir ao magistrado a sua iminência e contemporaneidade, por isso, falamos alhures que o êxtase da petição inicial é a demonstração do perigo de dano ao resultado útil do processo principal, a fim de convencer o julgador de que a pretensão cautelar é indispensável para solver e garantir a tutela final.

1.4.2.3. Tutela cautelar antecedente

Com as novas regras processuais, a medida cautelar poderá ser pleiteada antecedentemente, ou seja, o autor da medida poderá requerer tão somente a tutela cautelar de urgência, cumprindo-se evidentemente o disposto no art. 305, ou, se preferir fundir a pretensão cautelar com a principal, inclusive no mesmo processo, sem que isto configure alguma extraordinariedade. Mas, se optar pela pretensão antecedente, deverá:

a) indicar a sua lide e seu fundamento;

b) exposição sumária do direito material que objetiva assegurar;

c) demonstrar o perigo de dano ao direito material;

d) ou o risco ao resultado útil do processo principal. Tarefa das mais difíceis, pois aqui se trata de evento futuro e incerto.

O NCPC buscou afetar ao máximo o novo procedimento com o máximo de aproveitamento dos atos e formas processuais, isto porque possibilita ao autor aditar sua petição inicial após ajuizar demanda cautelar antecedente,

---

(28) SILVA, Ovídio A. Batista. *Do processo cautelar*. Rio de Janeiro, 1999. p. 70.

a fim de demonstrar a futura demanda; também poderá ser requerida incidentalmente; possibilita ao juiz analisar a pretensão cautelar e, entendendo se tratar de tutela antecipatória, prossiga analisando esta como satisfativa.

No entanto, a lei nova impõe ao requerente alguns deveres, em se tratando de demanda antecedente, hipótese em que cessará a eficácia da tutela dantes concedida, se:

a) o autor não deduzir o pedido principal no prazo de 30 (trinta) dias, após efetivada a tutela cautelar, caso em que será apresentado nos mesmos autos em que deduzido o pedido de tutela cautelar, não dependendo do adiantamento de novas custas processuais;

b) não for cumprida dentro de 30 (trinta) dias, se a sua efetivação depender, exclusivamente, de algum ato que lhe competir, caso contrário, não será justo, justificável e nem útil deixar a medida de produzir efeitos porque não fora efetivada em decorrência de ato que competia ao juízo;

c) o juiz julgar improcedente o pedido principal formulado pelo autor ou extinguir o processo sem resolução de mérito, hipótese em que será vedado à parte renovar a sua pretensão cautelar, salvo por novo fundamento.

Em sede de efetivação da medida liminar, o juiz poderá lançar mão de quaisquer medidas que considerar adequadas, podendo, por exemplo, determinar o arresto, sequestro, arrolamento de bens, protesto, negativação do nome do requerido nos órgãos competentes e qualquer outra medida idônea para garantir o resultado útil e prático da medida. Aqui, poder-se-ia até pensar em impor ao desobediente alguma sanção decorrente de obrigação de fazer ou não fazer, pois, em última análise, enquanto destinatário da medida, tem o dever legal de cumpri-la, transformando-a em verdadeira obrigação de fazer ou não fazer, consoante a natureza do provimento jurisdicional.

Importante frisar que, apesar de indeferida a tutela cautelar de urgência, isto não obstará a que a parte formule o pedido principal, nem influi no julgamento deste, salvo se o motivo do indeferimento for o reconhecimento de decadência ou de prescrição. Portanto, é direito da parte demandar, nos mesmos autos, a sua pretensão final ou meritória, eis que, representam duas demandas, com naturezas bem distintas, embora fundidas em único processo.

Nem seria necessário a lei falar acerca da competência, por questão de obviedade, mas mesmo assim, tornou evidente que a tutela provisória será requerida ao juízo da causa e, quando ela for antecedente, ao juízo competente para conhecer do pedido principal.

Por fim, cumpre-me salientar a temeridade que é alguém usar do processo judicial, sabendo de sua pretensão insincera, de falta de boa-fé ou até de pura aventura, conquanto ser extremamente grave se utilizar da estrutura do Poder Judiciário para causar danos a outrem. Penso até que, em tal hipótese, a parte insincera deveria responder pelos prejuízos causados ao erário, por ter-se utilizado de tempo, estrutura e material humano e público desnecessariamente. Pelo menos deveria haver uma sanção processual.

Por outro lado, se assim alguém agir, segundo o NCPC, a parte será responsabilizada, independentemente da reparação por dano processual, pelos prejuízos que a efetivação da tutela de urgência causar à parte adversa, se:

I – a sentença de mérito lhe for desfavorável;

II – a tutela liminarmente concedida em caráter antecedente não fornecer os meios necessários para a citação do requerido no prazo de 5 (cinco) dias;

III – ocorrer a cessação da eficácia da medida de qualquer hipótese legal;

IV – o juiz acolher a alegação de decadência ou prescrição da pretensão do autor, o que acaba por afetar, por um todo, a demanda posta em juízo, de um caráter eminentemente leal e escorreito. O processo judicial deve impactar o nosso ser por um sentimento de gravidade, seriedade e indispensabilidade;

V – A indenização será liquidada nos próprios autos em que a medida tiver sido concedida. Mais uma vez, o NCPC, privilegia a simplicidade de formas, homenageando o procedimento sincrético, há muito conhecido da Justiça do Trabalho.

1.4.2.4. *Tutela antecipada de urgência*

Falar de tutela antecipada já nos auspícios do novo CPC cria um hiato ou desconforto no espírito do jurista, em razão dos primeiros dias da nova lei. No entanto, maior será a sua responsabilidade em desbravar mata virgem, tendo sempre a preocupação de deixar trilhas, caminhos e veredas para quem vier em seguida ou, ao depois, for percorrer aquela estrada. Destarte, a prudência recomenda fazer-se uma breve excursão na história do Direito Processual Civil brasileiro, pois não há povo sem história e nem sem origem.

Aos 14 dias de dezembro de 1994 entrava no sistema jurídico brasileiro, por meio da Lei n. 8.952, a antecipação dos efeitos da tutela, porém, vigendo em todo país 60 (sessenta) dias após a sua publicação. Inaugurando-se, a partir de então, um novo momento para o Processo Civil brasileiro. Passadas mais de duas décadas, nos acostumamos a ouvir acerca dos dois maiores requisitos para a concessão da tutela: prova inequívoca e verossimilhança. Durante todo esse tempo foram construídas bases sólidas de sustentação, tanto na doutrina, quanto na jurisprudência.

Pesquisando a doutrina da época, encontro as palavras do professor Sérgio Bermudes[29], fazendo os primeiros comentários a respeito do novo instituto:

> Não se trata de medida cautelar, concedida diante das regras e princípios que disciplinam essa espécie do processo civil contencioso. A diferença é perceptível. A medida cautelar é concebida para assegurar o efeito prático de outra, enquanto a tutela antecipada constitui a própria providência que se demandou, limitada embora na sua eficácia. É indispensável a prova inequívoca, evidente, manifesta da alegação do autor, com intensidade para convencer o juiz de que a alegação, ou alegações são verossímeis, isto é, que pareçam verdadeiras.

O não menos conhecido Cândido Rangel Dinamarco[30], comentando aquelas alterações, escreveu:

> Não se trata de obter medida que impeça o perecimento do direito, ou que assegure ao titular a possibilidade de exercê-lo no futuro. A medida antecipatória conceder-lhe-á o exercício do próprio direito afirmado pelo autor. Na prática, a decisão com que o juiz concede a tutela antecipada terá, no máximo, o mesmo conteúdo do dispositivo da sentença que concede a definitiva e a sua concessão equivale, *mutatis mutandis*, à procedência da demanda inicial – com a diferença fundamental representada pela provisoriedade.
>
> Aproximadas as duas locuções formalmente contraditórias contidas no art. 273 do Código de Processo Civil (prova inequívoca e convencer-se da verossimilhança), chega-se ao conceito de probabilidade, portador de maior segurança do que a mera verossimilhança. Probabilidade é a situação decorrente da preponderância dos motivos convergentes. A probabilidade, assim conceituada, é menos que a certeza, porque lá os motivos divergentes não ficam afastados mas somente suplantados; e é mais que a credibilidade, ou verossimilhança, pela qual,

---

(29) BERMUDES, Sérgio. *A Reforma do Código de Processo Civil*, 1995. p. 35-36.
(30) DINAMARCO, Cândido Rangel. *A Reforma do Código de Processo Civil*, 1995. p. 139-140 e 143-145.

na mente do observador, os motivos convergentes e os divergentes compareçam em situação de equivalência e, se o espírito não se anima a afirmar, também não ousa negar.

O grau dessa probabilidade será apreciado pelo juiz, prudentemente e atento à gravidade da medida a conceder. A exigência de prova inequívoca significa que a mera aparência não basta e que a verossimilhança exigida é mais do que o *fumus boni juris* exigido para a tutela cautelar. Para chegar ao grau de probabilidade necessário à antecipação, o juiz precisa proceder a uma instrução que lhe revele suficientemente a situação de fato. Não é o caso de chegar às profundezas de uma instrução exauriente, pois esta se destina a propiciar graus de certezas necessários para julgamentos definitivos, não provisórios como na antecipação da tutela.

A probabilidade exigida pela lei ao falar em prova inequívoca significa que até a algum grau de investigações o juiz deve chegar. Decidirá à luz de documentos que estejam nos autos e, fazendo valer seus poderes instrutórios, de ofício ou a requerimento determinará a realização das atividades probatórias que em cada caso sejam convenientes.

Por derradeiro, faço mais uma citação histórica para consolidar o pensamento da época acerca dos requisitos da antecipação da tutela, os quais vigeram até o luminar do novo CPC.

Vejamos, então, o que disse o professor Manoel Antonio Teixeira Filho[31]:

> Prova inequívoca e verossimilhança. Num primeiro lançar de olhos, pareceu-nos que o texto legal apresentava uma contradição nos próprios termos com os quais foi elaborado, pois "prova inequívoca" é aquela indene de dúvida, patente, manifesta, enquanto "verossimilhança" nada mais é do que a possibilidade de algo ser verdadeiro.
>
> Temos, *data venia*, posição divergente do notável Cândido Rangel Dinamarco. Embora a antecipação da tutela se calque em uma cognição sumária (em contraposição à exaustiva, que induz um juízo de convicção), parece-nos que o legislador quis dizer, exatamente, o que o senso literal do preceito revela. Se a antecipação fosse feita no processo cautelar, estaríamos de acordo com o ilustre jurista de São Paulo, por quem nutrimos respeito e admiração extraordinária. Como essa antecipação

---

(31) *As alterações no CPC e suas repercussões no Processo do Trabalho*, 1996. p. 64-66.

se dá no processo de conhecimento, pensamos que não se harmoniza com a estrutura e com cognição inerente a esta simples probabilidade. [...] . Com isso, estamos a asseverar que a prova inequívoca se vincula ao fato constitutivo do direito, e, a verossimilhança, à alegação do autor de que o direito se encontra em estado de periclitância.

A mera probabilidade só se ajusta ao processo cautelar, não ao de conhecimento, onde, aliás, a cognição sumária não dispensa a prova do fato com relação ao qual ela se forma. Sabemos, perfeitamente, que no plano geral a cognição sumária envolve um juízo de probabilidade – e, talvez, assim devesse ser de lege ferenda, no caso do art. 273, do CPC. Seja como for, o fato é que o legislador brasileiro fez expressa referência à "prova inequívoca" e esta locução legal não pode ser inteligida como simples probabilidade.

Vejamos nós como o novo Código de Processo Civil passou a tratar o instituto ora comentado. O art. 303[32] refere-se aos casos em que a urgência seja contemporânea da propositura da ação, devendo a petição inicial expor a lide e o direito que busca realizar, demonstrando, evidentemente, o perigo de dano ou o risco ao resultado útil do processo.

Aqui já podemos selecionar alguns vocábulos ou palavras que podemos realçar para uma análise mais criteriosa e percuciente, considerando que na lei não há palavras inúteis, ressalto, então, seis que, no dia a dia, o magistrado, necessariamente, deverá analisá-los com maior cuidado, critério, zelo e sempre conjuntamente. Lembrando, sempre, que estamos em sede de procedimento cognitivo, o qual exigirá algo além de mera aparência do direito e de simples probabilidade, porquanto tratar-se-á de tutela de natureza satisfativa.

É da essência do novo texto legal a:

1 – Urgência.

A lei fala em casos urgentes, portanto, serão fatos que não permitem demora, razão pela qual são imediatos, extremamente necessários, os quais devem ser realizados com rapidez, sendo imprescindível, iminente ou impendente. Aqui haverá a necessidade de a parte autora demonstrar, de logo, esta periclitância dos fatos, e, por conseguinte, o direito, isto porque, a sua

---

(32) Art. 303. Nos casos em que a urgência for contemporânea à propositura da ação, a petição inicial pode limitar-se ao requerimento da tutela antecipada e à indicação do pedido de tutela final, com a exposição da lide, do direito que se busca realizar e do perigo de dano ou do risco ao resultado útil do processo.

interpretação ou apreensão pelo magistrado será subjetiva, donde ressai a certeza de que este juízo (de urgência) poderá ser diametralmente oposto ao retratado pelo autor.

Mas, há casos, na seara do Direito do Trabalho, os quais são de relevância impactante, de imediata apreensão pelo magistrado, como, por exemplo, dispensa imotivada ou arbitrária de empregado estável; suspensão do plano de saúde do empregado e de seus dependentes; dispensa imotivada sem a regular homologação das verbas rescisórias, impossibilitando que o empregado tenha acesso ao FGTS, seguro-desemprego etc.

2 – Contemporaneidade.

A urgência precisa ser do mesmo tempo, da mesma época, contígua da propositura da ação. São fatos efervescentes, iminentes que não poderão esperar um longo prazo, sob pena de perecimento do bem da vida;

3 – Lide.

Segundo os manuais de Processo Civil, em linhas gerais, é um conflito de interesses qualificados por uma pretensão resistida. Nas palavras do saudoso Celso Agrícola Barbi[33], comentando o CPC de 1973, há este valioso registro:

> O autor, que, modernamente, mais aprofundou os estudos sobre a ideia de lide foi Carnelutti [...]. Explica ainda ele que a pretensão é a exigência da subordinação do interesse de outrem ao interesse próprio; resistência é a não conformidade com a subordinação de um interesse próprio ao interesse de outrem, e se divide em contestação – não devo subordinar meu interesse ao de outrem – lesão – não o subordino – da pretensão. Como na lide há um conflito intersubjetivo, ela tem, necessariamente, duas pessoas.
>
> Conclui, depois, o mestre italiano que "esse conflito de interesses, qualificado pelos pedidos correspondentes, representa a lide, ou seja, o mérito da causa. A lide é aquele conflito, depois de moldado pelas partes, e vazado nos pedidos formulados ao juiz".

Em outras palavras, o conflito de interesses que surgir entre duas pessoas será decidido pelo juiz não totalmente, mas apenas nos limites em que elas o levarem ao processo. Usando a fórmula antiga, significa o artigo que o juiz não deve julgar além do pedido das partes: *ne eat judex ulta petita partium*.

---

(33) BARBI, Celso Agrícola. *Comentários ao Código de Processo Civil*, 1998. p. 391-392.

Portanto, a petição inicial deve deixar bem claro o ponto neurálgico que requererá atenção urgente e iminente, fazendo uma separação cirúrgica dos fatos ordinários e daqueles extraordinários e de periclitância, a fim de possibilitar rápida e inteligível apreensão pelo magistrado. Falando a lei em limite da lide, por óbvio, o magistrado não poderá inovar e nem modificar os seus limites, muito menos ir além dele.

4 – O direito a realizar.

Fica muito evidente se tratar de adiantamento do próprio mérito, tal qual estávamos acostumados e como a doutrina já vinha desenvolvendo, haja vista que a lei fala em "**direito que se busca realizar**", donde, no meu sentir, se há de exigir elementos probatórios fortes, contundentes e muito convincentes para que o magistrado possa adiantar parte ou todo o julgamento final. Ora, para se realizar o direito torna-se indispensável a existência de uma prova segura, inclusive com respeito ao contraditório, no mínimo.

No Processo do Trabalho, às vezes é comum o trabalhador pedir rescisão indireta do seu contrato de trabalho – matéria essencialmente fática – e requerer, em sede de antecipação, a liberação do FGTS e das guias do seguro-desemprego. Neste caso, no meu entender, não poderá o juiz adiantar o mérito da causa para atender a pretensão autoral, sob pena de dano irreversível e irreparável. Por outro lado, havendo fortes indícios de demissão imotivada ou sem justa causa, devidamente documentada, poderá o magistrado adiantar, em sede de tutela antecipada, o levantamento do FGTS e do seguro-desemprego.

Mesmo tratando-se de tutela de urgência, se fizermos uma interpretação conjuntiva do art. 303 com o art. 300[34], perceberemos que a lei exige, para a concessão da tutela, "elementos que **evidenciem a probabilidade** do direito". Mais uma vez, teremos que buscar o significado das palavras, a fim de melhor compreender o alcance e profundidade da medida a ser deferida.

Quando afirmo que algo é evidente, estou dizendo que aquilo possui uma certeza manifesta. É algo que não comporta nenhuma dúvida quanto à sua verdade ou falsidade. Portanto, aquela verdade deverá ter alto teor de probabilidade; basta folhear algumas páginas para que, dos elementos dos autos, decorra uma logicidade, razoabilidade e intensa probabilidade do direito reivindicado. É uma análise, embora preliminar do mérito, a qual deverá exigir mais do que mera aparência para se avançar no julgamento.

---

(34) Art. 300. A tutela de urgência será concedida quando houver elementos que evidenciem a probabilidade do direito e o perigo de dano ou o risco ao resultado útil do processo.

5 – perigo de dano; e

6 – risco ao resultado.

Analisarei ambos em um único tópico porque intimamente ligados, já que estamos diante do velho e conhecido *periculum in mora*. Aqui, no meu pensar, a percepção do perigo de dano e o risco é meramente subjetiva ao olhar do magistrado, pois ao analisar os demais requisitos, convencendo-se da urgência, da contemporaneidade, do evidente direito, presumirá que, se não atender a medida, haverá perigo de dano ao direito lesado, se esperar o trâmite normal do processo, sendo a decisão final inútil, sem finalidade, não passando de singela boa intenção do Estado-juiz. Seria tardia a providência final.

Por oportuno, vejamos o que disse Calmon de Passos[35], em seus comentários ao CPC:

> Na cautelar, exige-se haja um ato da parte e que dele derive o risco de dano, ao passo que na antecipação isso é de todo irrelevante, devendo o magistrado considerar apenas a necessidade de antecipação dos efeitos, porquanto, já em condições de certificação o direito do autor, há o risco de, no momento de sua efetivação, isso não vir a ocorrer em termos satisfatórios. Risco objetivo, sem que se leve necessariamente em consideração o comportamento do réu, sua culpa, seu dolo, sua contribuição para a ocorrência dos danos. Analisa o magistrado a procedência da afirmativa da existência de dano e, se forem suficientes as provas oferecidas pelo autor para convencê-lo da objetividade desse risco, porque já em condições de certificar o direito, deferirá a antecipação.

Assim, resta evidente que os requisitos para a concessão da tutela antecipada mudaram. No entanto, não seremos juvenis a ponto de dizer que os seus requisitos são iguais àqueles da medida cautelar de urgência. Haverá semelhanças quanto a alguns requisitos, mas não se poderá analisar a tutela sob o enfoque de simples aparência e nem de simples probabilidade, principalmente porque existirá satisfação do direito material reivindicado, o qual poderá acarretar dano processual à parte contrária, se reivindicado de forma irresponsável. Por isso, penso ser oportuno fazer breve apontamento sobre a figura do dano processual.

---

(35) PASSOS, José Joaquim Calmon de. *Comentários ao Código de Processo Civil*, 2005. p. 43.

1.4.2.5. Dano processual

Tão verdadeira a assertiva supra que a parte autora poderá vir a responder pelo prejuízo que a efetivação da tutela de urgência causar à parte contrária, se:

I – a sentença de mérito lhe for desfavorável;

II – obtida liminarmente a tutela em caráter antecedente, não fornecer o autor os meios necessários para a citação do requerido no prazo de 5 (cinco) dias;

III – ocorrer a cessação da eficácia da medida em qualquer hipótese legal;

IV – o juiz acolher a alegação de decadência ou prescrição da pretensão do autor.

Vale pontuar que a indenização, independentemente da reparação por dano processual, será liquidada nos próprios autos em que a medida tiver sido concedida, ou seja, haverá cumulações de reparações. A primeira decorrerá do resultado final da demanda, por isso que a medida deve ser sempre bem avaliada pela parte antes de judicializá-la, buscando um equilíbrio seguro para requerê-la, possibilitando ao magistrado conceder a medida sem maiores transtornos que ela possa causar à parte contrária, a fim de que esta apenas suporte o ônus de uma decisão judicial justa.

A responsabilidade decorrerá de ato culposo, negligente da parte que se aventurar em um pedido insincero perante o Estado-juiz, sabendo que, ao final, sua pretensão será rejeitada, seja pela improcedência, seja pelo acolhimento de prescrição ou decadência. Falo em fato culposo ou negligente porque todas as hipóteses legais acima decorrerão da exclusiva vontade da parte interessada. A indenização será apurada nos próprios autos, hipótese com estreita sintonia com o processo de execução trabalhista, cujo procedimento é sincrético e simplificado.

A lei, no entanto, não tarifou o valor da indenização, por isso, caberá à parte contrária demonstrar documentalmente os efetivos prejuízos sofridos em decorrência da efetivação da medida, a fim de que o juiz arbitre, de logo, a justa indenização, pelo prejuízo material ou moral suportado. Todavia, será um espaço muito restrito para maiores discussões, produção de prova oral etc. Seria melhor a lei ter fixado o *quantum*, assim evitaria eventuais incidentes. No entanto, se a questão envolver alguma complexidade, demandar dilação probatória, principalmente se exauriente, o magistrado poderá, no meu sentir, remeter tal discussão para as vias ordinárias próprias da responsabilidade civil, sob pena de eternizar a demanda principal, assumindo, o acessório, lugar desvirtuado no processo.

Já quanto ao dano processual, este decorrerá de conduta de má-fé da parte contrária, sendo necessário restar evidente que a parte inobservou os seus deveres de lealdade, previstos no art. 77 e seus incisos do CPC de 2015, principalmente ao formular pretensão destituída de fundamentos.

Dentro dessa realidade, a lei processual vai mais além, arbitrando multas cumulativas e penalidades processuais a todos aqueles que insistirem em impedir, retardar, desvirtuar ou utilizar do processo como meio de vingança ou de perseguição, falseando ou alterando a verdade dos fatos para obter proveito próprio e escuso.

Eis, então, a notória e atual tendência do legislador em dotar e afetar o processo de uma ética processual inevitável e própria, adstrita à boa-fé, à lealdade, à probidade, urbanidade, sinceridade, fidelidade e de um decoro intimamente ligado ao temor que todo cidadão deve nutrir pela lei, com evidente efeito vinculante aos sujeitos do processo, principalmente, mas também extensivo a todos aqueles que, porventura, sejam chamados a atuar nos autos do processo, consoante dispõe os arts. 378 a 380 do NCPC.

A ética processual precisa afetar todo processo, em toda a sua extensão, do começo ao fim, inclusive e principalmente o de execução. Ademais, o abuso do direito de defesa também não escapa da ética processual, o que geralmente é praticado pela parte ré, abuso que também não deixa de ser dano processual, nomeadamente quando a parte resiste e retarda a prestação jurisdicional final, sendo passível de reprimenda processual também cumulativa, por violação direta do art. 77, IV c/c. art. 81, ambos do NCPC.

Mas, o legislador de 2015 simplesmente revogou a regra disposta no parágrafo único do art. 740 do CPC de 1973 – a qual apenava o embargante que aviasse embargos à execução manifestamente protelatórios, em multa não superior a 20% (vinte por cento) do valor da condenação ou execução – preferindo reproduzir as hipóteses de atentado à dignidade da Justiça, de que falava o art. 600, transportando tais regras para o art. 774[36] do

---

(36) Art. 774. Considera-se atentatória à dignidade da justiça a conduta comissiva ou omissiva do executado que:
I – frauda a execução;
II – se opõe maliciosamente à execução, empregando ardis e meios artificiosos;
III – dificulta ou embaraça a realização da penhora;
IV – resiste injustificadamente às ordens judiciais;
V – intimado, não indica ao juiz quais são e onde estão os bens sujeitos à penhora e os respectivos valores, nem exibe prova de sua propriedade e, se for o caso, certidão negativa de ônus.

novo CPC. Entretanto, no meu pensar, houve apenas mudança vocabular, mantendo-se o mesmo espírito e sentido de reprimir os atos protelatórios, eis que, quem se opõe maliciosamente à execução através de chicana processual será passível da reprimenda de que fala parágrafo único[37] do art. 774 do novo CPC, cuja penalidade será revertida em proveito do exequente. São hipóteses de preservação do processo de execução, com clara tendência moralizadora e ética, voltada exclusivamente contra condutas ativa ou passiva do executado.

1.4.2.6. Pontos comuns nas tutelas de urgência

São pontos comuns entre as medidas de urgência as disposições gerais da tutela provisória, reguladas pelos arts. 294 até 299, eis que aplicáveis tanto às cautelares quanto às satisfativas, sendo uma espécie de teoria geral ou normas gerais comuns das tutelas de urgência. Por isso, o que ficou alinhavado sobre a tutela cautelar de urgência também será aplicável ao presente ponto, isto para não sermos repetitivos quanto ao caráter antecedente ou incidente, revogabilidade da medida, conservação dos seus efeitos, efetivação e competência etc.

1.4.2.7. Irreversibilidade da tutela

Importante frisar que a tutela antecipada não poderá ser concedida quando houver perigo de irreversibilidade dos efeitos da decisão. No Direito do Trabalho, algumas hipóteses carecem de redobrada atenção, pois é comum o trabalhador ser dispensado por justa causa e, ainda assim, requerer a liberação do FGTS e guias do seguro-desemprego, inclusive em rescisão indireta; ou, sendo dispensado por justa causa, requerer sua reintegração por entender ser possuidor de garantia de emprego ou estabilidade provisória, porquanto se tratar de matérias eminentemente factuais. Se, em alguma dessas hipóteses, o magistrado deferir a antecipação da tutela, porém, sobrevindo sentença de mérito rejeitando a pretensão autoral, a irreversibilidade estará completamente exaurida, tornando-se irremediável, isto porque, sendo o trabalhador hipossuficiente, não terá como recompor os depósitos do FGTS sacado, além das parcelas do SD recebidas.

---

(37) Parágrafo único. Nos casos previstos neste artigo, o juiz fixará multa em montante não superior a vinte por cento do valor atualizado do débito em execução, a qual será revertida em proveito do exequente, exigível nos próprios autos do processo, sem prejuízo de outras sanções de natureza processual ou material.

Porém, sendo concedida a tutela nas hipóteses legais:

a) O autor deverá aditar a petição inicial, para complementar a sua argumentação, juntando novos documentos e confirmar o pedido de tutela final, em 15 (quinze) dias, ou em outro prazo maior que o juiz fixar;

b) Entretanto, não realizado o aditamento pelo autor, o processo será extinto sem resolução do mérito;

c) A tutela tornar-se-á estável se da decisão que a conceder não for interposto o respectivo recurso, hipótese em que o processo será extinto. Aqui a lei nada falou acerca da natureza da extinção, se com mérito ou sem. Penso que, nessa hipótese, a extinção estará bem mais próxima da resolução com mérito, embora esta hipótese não venha expressada no art. 487 do novo CPC, falando a lei apenas em estabilização do julgado;

d) Ela não fará coisa julgada, mas haverá estabilidade dos respectivos efeitos, a qual só será afastada por decisão posterior que vier a revê-la ou reformá-la, reformar ou invalidar, a ser proferida em ação autônoma a ser ajuizada pela parte interessada. Por óbvio, a tutela antecipada conservará seus efeitos enquanto não revista, reformada ou invalidada por decisão de mérito;

e) O direito de rever, reformar ou invalidar a tutela antecipada, cuja decisão alcançou a estabilização, extingue-se após 2 (dois) anos, contados da ciência da decisão que extinguiu o processo, sendo, destarte, **prevento o juízo em que a tutela antecipada foi concedida**. Infelizmente o legislador de 2015 não disse em quais hipóteses se poderia questionar a decisão já estabilizada, ficando demasiadamente abertas as possibilidades. Seria melhor ter fechado esta porta, uma vez oportunizada à parte contrária prazo para manifestar-se, e nada falou. Cria-se uma insegurança jurídica desnecessária e contraditória capaz de criar embaraços, retrocessos e retardos na entrega da tutela jurisdicional. Pois o que é poderá não ser depois de um ou dois anos, bastando que a questão seja novamente analisada por outro magistrado.

Caso entenda o magistrado que não há elementos para a concessão de tutela antecipada:

a) o órgão jurisdicional determinará a emenda da petição inicial em até 5 (cinco) dias, sob pena de ser indeferida e de o processo ser extinto sem resolução de mérito.

1.4.2.8. *Caução na tutela de urgência*

Como medida comum das tutelas de urgência, poderá o magistrado, para a sua concessão, conforme o caso, exigir caução real ou fidejussória idônea, para ressarcir os danos que a outra parte possa vir a sofrer, <u>podendo a caução ser dispensada se a parte economicamente hipossuficiente não puder oferecê-la.</u>

Na seara trabalhista, a necessidade da parte autora é sempre visível e, geralmente, é regra, com raras exceções. Exatamente por isso, o Juiz do Trabalho, que lida com o direito social e do hipossuficiente no seu cotidiano, deve sopesar com muito equilíbrio essa condição, não esquecendo da faculdade que lhe fora concedida na parte final do § 1º[38] do art. 300 do NCPC.

Por se tratar de decisão provisória na efetivação da tutela de urgência a lei processual vem tentando sopesar a efetividade com segurança, por conseguinte, deixou ao prudente arbítrio do juiz liberar ou não quantias em dinheiro. No mesmo sentido de exigibilidade da caução, o legislador, no art. 520, IV, reforçou a sua necessidade. No entanto, o artigo seguinte abre uma janela de extrema importância, a qual será impactante no processo trabalhista, isto porque ela poderá ser dispensada nos casos em que:

I) o crédito for de natureza alimentar, independentemente de sua origem. Doravante, a jurisprudência terá que se ajustar à nova realidade, eis que, falando a lei que a natureza alimentar "**independerá de sua origem**", não mais haverá espaço para se discutir se os créditos trabalhistas ostentam ou não natureza alimentar, em razão de não ter origem em pensão alimentícia, mas sim em contrato de trabalho. É certo, portanto, que no seio da Justiça do Trabalho não há nenhuma incerteza acerca da natureza alimentar dos créditos laborais;

II) o credor demonstrar situação de necessidade. Também não haverá nenhuma dificuldade de o trabalhador demonstrar que é necessitado, pois, via de regra, está desempregado ou é remunerado com salário mínimo ou com baixos salários, os quais sequer atendem às suas necessidades básicas, previstas no inciso IV do art. 7º da Constituição Federal;

III) a sentença a ser provisoriamente cumprida estiver em consonância com súmula da jurisprudência do Supremo Tribunal Federal ou do Superior Tribunal de Justiça ou em conformidade com acórdão proferido no

---

(38) § 1º Para a concessão da tutela de urgência, o juiz pode, conforme o caso, exigir caução real ou fidejussória idônea para ressarcir os danos que a outra parte possa vir a sofrer, podendo a caução ser dispensada se a parte economicamente hipossuficiente não puder oferecê-la.

julgamento de casos repetitivos. Embora a lei não tenha feito nenhuma referência ao Tribunal Superior do Trabalho, por evidente, haverá a mesma incidência se a hipótese retratada estiver ao abrigo de uma de suas súmulas.

Mas, apesar disso, o parágrafo único do art. 521 volta atrás e torna a exigir a caução, quando da dispensa possa resultar manifesto risco de grave dano de difícil ou incerta reparação. A lei concedeu o benefício com a mão direita, e, em seguida, com a esquerda, tornou-o inviável. É como apregoa o adágio popular: *alegria de pobre dura pouco; ou: filho de pobre num tem sorte*.

Mas, aqui na 16ª Região, os magistrados reunidos em jornada deliberaram em não seguir esta dubiedade, como restou demonstrado no tópico próprio, quando dissertamos acerca de **caução para levantar depósito em dinheiro**.

1.5. TUTELA DE EVIDÊNCIA

A tutela de evidência vem disciplinada pelo art. 311[39] do novo CPC, nas estreitas hipóteses elencadas nos seus quatro incisos. Contudo, dissemos alhures que algo evidente possui grandes probabilidades de veracidade. Sob esta ótica o legislador afastou, para a concessão da tutela de evidência, o *periculum in mora*.

De logo, afastamos a incidência do inciso III do art. 311 do novo CPC ao Processo do Trabalho, porque estranho, completamente, do seu dia a dia e da matéria constitucional, referente à competência da Justiça do Trabalho.

A hipótese do inciso I não restará evidente enquanto a relação processual não se aperfeiçoar, o contraditório não se instalar e a ampla defesa não for exercida. As hipóteses de abuso de direito, no meu entender, vêm enumeradas como litigância de má-fé, atos atentatórios à dignidade da justiça e inobservância dos deveres processuais imputados às partes.

---

(39) Art. 311. A tutela da evidência será concedida, independentemente da demonstração de perigo de dano ou de risco ao resultado útil do processo, quando:
I – ficar caracterizado o abuso do direito de defesa ou o manifesto propósito protelatório da parte;
II – as alegações de fato puderem ser comprovadas apenas documentalmente e houver tese firmada em julgamento de casos repetitivos ou em súmula vinculante;
III – se tratar de pedido reipersecutório fundado em prova documental adequada do contrato de depósito, caso em que será decretada a ordem de entrega do objeto custodiado, sob cominação de multa;
IV – a petição inicial for instruída com prova documental suficiente dos fatos constitutivos do direito do autor, a que o réu não oponha prova capaz de gerar dúvida razoável.

A propósito, disse Pontes de Miranda[40], em seus comentários ao CPC:

O abuso de defesa, espécie do gênero abuso de direito, corresponde à conduta despropositada do réu, que pratica atos não substanciadores do exercício do seu direito de exceção; atos processuais inúteis, como a apresentação de alegações impertinentes, a dedução de defesa contra texto expresso de lei, o questionamento de fato incontroverso, ou a alteração deliberada da verdade dos fatos (art. 17, I e II), ou a produção de provas inúteis ou desnecessárias ao exercício da jurisdição reclamada no processo (art. 14, IV).

Assim, se no decorrer do processo houver a constatação de deliberado intuito protelatório, criando o réu embaraços e incidentes inúteis, ou ainda, houver abuso no manejo de recursos, poderá a parte prejudicada solicitar incidentalmente que o juiz adiante liminarmente os efeitos da tutela, concretizando o direito material reivindicado ou já reconhecido, além de imputar à parte autora do abuso as penalidades legais.

É uma espécie de sensor, de higidez processual que o legislador coloca à disposição da parte agredida, podendo dela lançar mão no curso do processo ou até mesmo na execução, principalmente se a parte executada não utilizar dos meios recursais próprios dessa fase e utilizar-se, por exemplo, do mandado de segurança para liberar valores ou bens móveis ou imóveis.

No inciso II, o direito é evidente, pois já fora reconhecido em algum documento ou através de julgamento de casos iguais ou repetitivos, ou ainda, se o direito tiver por origem súmula vinculante do STF.

Na seara trabalhista, é comum, em Convenções Coletivas de Trabalho, as partes reconhecerem alguns direitos aos empregados como, por exemplo, tíquete-alimentação, plano de saúde ou até mesmo a obrigação de o empregador custear cursos de especialização, de graduação ou pós-graduação, hipóteses últimas em que caberá ao empregado o compromisso de permanecer na empresa por algum tempo após o curso ou devolver o valor dos salários recebidos durante o treinamento. Também, tais hipóteses, poderão vir atreladas a cláusulas dos contratos de trabalho dos beneficiados.

Importante realçar, doravante, o significativo impacto que terá nas vidas das pessoas o julgamento de casos iguais ou muito semelhantes, eis

---

(40) MIRANDA, Pontes de. *Comentários ao Código de Processo Civil*, tomo III, p. 538, 1997.

que, se poderá adiantar os efeitos concretos do mérito da causa, sendo verdadeira e completa satisfação exauriente. Para tanto, a parte interessada deverá instruir a sua petição inicial com cópia fiel do julgado paradigma, preferencialmente mediante cópia autenticada ou de certidão de inteiro teor. Também não se pode deixar de registrar o direito sumular vinculante do Supremo Tribunal Federal, porque também será impactante nas vidas das pessoas, sendo, destarte, de consulta obrigatória daqueles que operam o direito e daqueles que os reivindicarão.

Penso viável e recomendável que poder-se-ia admitir o direito sumular como um todo, ainda que tal hipótese ali não esteja especificada, porquanto representar julgamentos de casos repetitivos. Assim, havendo súmula do TST acerca dos fatos da lide, comprovados documentalmente, a tutela de evidência se impõe e será inevitável.

A hipótese do inciso IV é muito parecida com a primeira parte do inciso anterior, não fosse pelo emprego da conjunção aditiva "e" ligando as duas orações, pois além de comprovar documentalmente o fato também deve estar firmado em julgamento de casos repetitivos. Já aqui basta haver prova documental que torne o direito reivindicado evidente, de tal maneira que imobilize o réu ou o deixe anestesiado ou aprisionado, sendo incapaz de mudar os fatos através de qualquer contraprova.

Apesar de o novo CPC nada falar em prova inequívoca como requisito da tutela, percebe-se a intenção firme da nova lei de formar o convencimento do magistrado por meio de prova documental suficientemente indubitável, a ponto de não gerar dúvida no espírito do julgador e nem no da parte contrária, ressurgindo, destarte, evidente o direito postulado.

A segurança jurídica é considerada como o contraponto e o extremo entre a mera alegação ou aparência do direito, exigindo a lei algo mais robusto, convincente e calcado em prova materialmente forte e incapaz de gerar dubiedade ou incertezas, exatamente por isso a pretensão poderá ser objeto de tutela de evidência, potencialmente apta a ser adiantada liminarmente.

Em sendo assim, mesmo apregoando o parágrafo único que apenas nos casos dos incisos II e III poderá o juiz conceder liminar, penso estar o magistrado plenamente autorizado a também conceder a liminar na hipótese do inciso IV, em face do que falamos acima, não fazendo nenhum sentido exigir da parte autora instruir sua inicial com prova material impactante, sem nenhuma valia ou utilidade, principalmente em se tratando de tutela de evidência.

1.6. PROTESTO DAS DECISÕES JUDICIAIS

> NCPC:
> Art. 517. A decisão judicial transitada em julgado poderá ser levada a protesto, nos termos da lei, depois de transcorrido o prazo para pagamento voluntário previsto no art. 523.
>
> § 1º Para efetivar o protesto, incumbe ao exequente apresentar certidão de teor da decisão.

É clara a preocupação do legislador do novo CPC quanto ao cumprimento da sentença, seja ela provisória ou definitiva. A cada dia o devedor está sendo coagido legalmente a mudar de comportamento mediante pesados encargos processuais, que irão encarecer ainda mais a sua dívida, com a tramitação do processo judicial.

Percebe-se de logo que apenas as sentenças com trânsito em julgado poderão ser levadas a protesto, porém, desde que haja condenação em quantia certa, seguindo a dicção do art. 523. Trata-se, pois, de uma faculdade concedida ao credor/exequente, a qual somente poderá ser exercitada após a intimação do devedor ao pagamento voluntário de que fala o art. 523.

O protesto dar-se-á no cartório competente, por meio da apresentação de certidão fornecida pelo cartório ou secretaria do juízo, a qual deverá conter o nome e a qualificação do credor e do devedor, número do processo, o valor da dívida e a prova de que houve o decurso do prazo para pagamento voluntário. As despesas com essa nova possibilidade correm por conta do credor, o qual obriga-se a arcar com todos os emolumentos exigidos pelo cartório. Este novo procedimento, no entanto, poderá abreviar bastante o pagamento da dívida já vencida e exigível.

O **protesto** tem por finalidade precípua comprovar o inadimplemento de obrigação originada em título líquido, certo e exigível ou em outro documento de dívida que ostente tais qualidades, por isso, a exigência legal de a sentença estar passada em julgado. Portanto, o **protesto** não se prende imediatamente à exequibilidade do título ou de outro documento de dívida, mas sim à inadimplência e ao descumprimento da obrigação representada por um título judicial. Não é uma nova forma de execução; é apenas um meio legal de coagir o devedor a cumprir com um compromisso dantes assumido formalmente.

Oportuna a lição de Livramento[41], acerca da finalidade do protesto:

> É necessário lembrar que o protesto é um ato formal que se destina a comprovar a inadimplência de uma determinada pessoa, física ou jurídica, quando esta for devedora de um título de crédito ou de outro documento de dívida sujeito a protesto. **O protesto tem duas finalidades: uma destinada a provar publicamente o atraso do devedor e a segunda, a resguardar o direito de crédito.** No âmbito judicial, o credor tem em seu poder a prova formal, da verdade e da fé pública, de que o devedor não quitou sua dívida ou descumpriu a obrigação. [...] . _Na esfera extrajudicial o protesto acaba por impedir que o devedor obtenha empréstimos, financiamentos_ e etc., uma vez que os pretensos credores deixarão de formalizar contrato diante das informações de mau pagador (grifo nosso).

Aliás, esse tem sido o caminho trilhado pelo STJ por meio de sua jurisprudência, *verbis*:

> RECURSO ESPECIAL. TÍTULOS DE CRÉDITO. NOTA PROMISSÓRIA. AUSÊNCIA DE PAGAMENTO. PROTESTO REGULARMENTE LAVRADO. AJUIZAMENTO DE AÇÃO EXECUTIVA. PRESCRIÇÃO DO TÍTULO. AÇÃO DE CANCELAMENTO DO REGISTRO DO PROTESTO FUNDADA EM MOTIVO DIVERSO DO PAGAMENTO DO TÍTULO (LEI N. 9.492/1997, ART. 26, § 3º). NECESSIDADE DE DECISÃO JUDICIAL. RECURSO PROVIDO. 1. De acordo com o art. 26, § 3º, da Lei n. 9.492/1997, o cancelamento do registro do protesto advém, normalmente, apenas em razão do pagamento do título. Por qualquer outra razão, somente poderá o devedor obter o cancelamento mediante decisão judicial favorável. 2. Como esclarece FRAN MARTINS: "o protesto cambial não cria direitos. Meio de prova especialíssimo, próprio dos títulos cambiários, ele apenas atesta um fato, a falta ou recusa do aceite ou do pagamento." Portanto, o protesto não se prende imediatamente à exequibilidade do título ou de outro documento de dívida, mas sim à inadimplência e ao descumprimento da obrigação representada. Como estas não desaparecem com a mera prescrição do título executivo não quitado, o protesto não pode ser cancelado simplesmente em função da inaptidão do título prescrito para ser objeto de ação de execução. 3. Recurso especial provido. (STJ – REsp: 813381 SP 2006/0010397-6, Relator: Ministro RAUL ARAÚJO, Data de Julgamento: 20.11.2014, T4 – QUARTA TURMA, Data de Publicação: DJe 20.05.2015)

---

(41) LIVRAMENTO, Geraldo Aparecido do. *Execução no novo CPC*, 2015. p. 39-40.

Vale ressaltar que o cancelamento do protesto é medida que cabe ao executado promover, por meio de requerimento dirigido ao juiz da execução, arcando com os ônus pertinentes, o qual será feito mediante ofício dirigido ao cartório de protesto, desde que haja a comprovação integral da satisfação da obrigação, como se lê no § 4º[42] do art. 517 do NCPC. A integralidade, por evidente, deve considerar as despesas que o exequente teve quando levou o título a protesto, inclusive outros encargos do processo etc.

Abre-se aqui uma janela competencial aos Juízes do Trabalho, visto que, a certidão a habilitar o exequente a pedir o protesto contra o executado será fornecida segundo ordem deste, enquanto juiz da execução. Por isso, qualquer cancelamento possível deve a ele ser dirigido, principalmente porque, segundo a normatividade do § 4º do art. 517, a invalidação do registro será feita mediante ofício do juiz da execução, e, desde que o débito esteja integralmente quitado, repise.

Esta competência do Juiz da execução vem bem delimitada e delineada no art. 518, segundo o qual todas as questões relativas à validade do procedimento de cumprimento da sentença e *dos atos executivos subsequentes poderão ser arguidas pelo executado nos próprios autos e nestes serão decididas pelo juiz*, o qual só poderá ser o da execução, por óbvio.

Na Justiça do Trabalho, penso que este dispositivo poderá ser aplicável, logo após a intimação para pagamento de dívida líquida, certa e exigível, se não quitada no prazo de 15 (quinze) dias. Assim, a princípio, pode-se evitar a via-crúcis da execução trabalhista, por demais densa, morosa e cheia de incidentes, donde ressai a importância desta escolha. Neste caso, a obrigação, pela intimação do devedor e pelo recebimento do valor, caberá ao Tabelião de Protesto de Título, porém, o NCPC nada falou acerca dos trâmites da execução, não havendo nenhum indicativo para eventual suspensão. Todavia, considerando que o executado será intimado pelo Cartório de Títulos e Protestos para, em 03 (três) dias pagar o débito, seria de bom tom que o juiz da execução trabalhista aguardasse cerca de 10 (dez) dias, a iniciativa do interessado, a fim de não praticar atos executórios desnecessários e ainda mais onerosos ao executado.

Importante frisar que, expedida a certidão, esta deve conter todos os dados que identifiquem credor e devedor, suas qualificações e endereços

---

(42) § 4º A requerimento do executado, o protesto será cancelado por determinação do juiz, mediante ofício a ser expedido ao cartório, no prazo de 3 (três) dias, contado da data de protocolo do requerimento, desde que comprovada a satisfação integral da obrigação.

atualizados, ou certifique o cartório que a parte devedora é desconhecida, sua localização incerta ou ignorada, além dos próprios requisitos de que fala o § 2º do art. 517, para viabilizar uma cobrança mais rápida. Vale lembrar que o fato de a empresa estar em Recuperação Judicial não impedirá o registro do protesto, segundo regra do art. 24 da lei de protesto[43], a qual passará – a lei de protesto – ser livro de consulta obrigatória dos Juízes do Trabalho.

O exequente também poderá aguardar o exaurimento de todas as pesquisas patrimoniais do executado, para, então, requerer a expedição da Certidão de Crédito, a qual passa a possuir nova finalidade: a de possibilitar o protesto. Aqui, não havendo mais bens disponíveis do executado, torna-se mais vantajoso ao trabalhador solicitar essa certidão somente nesta fase, por dois motivos bem racionais: primeiro, porque terá de suportar altos custos no Cartório de Protesto se o fizer logo no início da execução; segundo porque a prescrição intercorrente opera-se no mesmo prazo da ação, ou seja, dois anos. Já no protesto, o prazo é bem maior, serão 05 (cinco) anos de nome negativado, segundo art. 27[44] da lei de protesto.

Portanto, plenamente viável e aplicável a sua incidência no Processo do Trabalho, tendo em vista inexistir norma celetista nesse sentido, havendo plena compatibilidade e fluência no âmbito processual da CLT, haja vista impulsionar a execução a um termo bem mais ágil.

Não fosse por tudo isso, essa nova possibilidade alcançará e se voltará contra o devedor de alimentos. Uma vez fixados estes e não pagos, o juiz mandará protestar o pronunciamento judicial na forma do art. 517, por expressa autorização do § 1º[45] do art. 528 do NCPC, donde ressai a absoluta certeza de sua receptividade pelo Direito Processual do Trabalho, em face da similitude de natureza dos créditos.

---

(43) BRASIL. Lei n. 9.492, de 10 de setembro de 1997. Define competência, regulamenta os serviços concernentes ao protesto de títulos e outros documentos de dívida e dá outras providências. Disponível em: <http://www.planalto.gov.br/legislacao/legislacao-1/leis-ordinarias/legislacao/legislacao>. Acesso em: 25 set. 2015.

(44) Art. 27. O Tabelião de Protesto expedirá as certidões solicitadas dentro de cinco dias úteis, no máximo, que abrangerão o período mínimo dos cinco anos anteriores, contados da data do pedido, salvo quando se referir a protesto específico.

(45) § 1º Caso o executado, no prazo referido no caput, não efetue o pagamento, não prove que o efetuou ou não apresente justificativa da impossibilidade de efetuá-lo, o juiz mandará protestar o pronunciamento judicial, aplicando-se, no que couber, o disposto no art. 517.

1.7. NEGATIVAÇÃO DO NOME DO DEVEDOR

NCPC:

Art. 782. Não dispondo a lei de modo diverso, o juiz determinará os atos executivos, e o oficial de justiça os cumprirá.

§ 3º A requerimento da parte, o juiz pode determinar a inclusão do nome do executado em cadastros de inadimplentes.

§ 4º A inscrição será cancelada imediatamente se for efetuado o pagamento, se for garantida a execução ou se a execução for extinta por qualquer outro motivo.

§ 5º O disposto nos §§ 3º e 4º aplica-se à execução definitiva de título judicial.

Mais uma vez, o NCPC busca dar ao processo judicial um tom de efetividade, disponibilizando mais um meio de coação no cumprimento da sentença definitiva de condenação de quantia certa, consoante as regras do art. 523 do NCPC.

Aqui, no meu entender, mesmo que a lei não tenha sido clara e nem criteriosa, somente poderá haver a inscrição do nome do devedor em cadastro de inadimplentes se se tratar de quantia certa, após a liquidação da sentença e a intimação do devedor para pagá-la. Transcorrido o prazo de 15 (quinze) dias, sem que tenha havido pagamento ou garantia do juízo, poderá ser deferida a inclusão do nome do devedor no Serasa ou SPC.

Vale ressaltar que a garantia do juízo a evitar a inscrição negativa deve ser integral ou total, ou seja, suficiente para responder pelo crédito trabalhista, previdenciário, custas e honorários se existirem, além de juros e correção monetária e multas se houverem, por inteligência do art. 882 da CLT[46]. Por isso, mesmo havendo bloqueio parcial do valor exequendo, tal fato não inibe a inscrição, salvo se houver acordo entre as partes devidamente homologado pelo juiz da execução, hipótese em que há de se esperar o seu cumprimento.

Porém, uma vez negativado o nome do réu, sobrevindo acordo entre as partes, estas até poderão, de logo, autorizar a baixa na negativação. Todavia, não vejo como cancelar a inscrição imediatamente após a feitura do acordo se o pagamento deste for parcelado, pois esta é a intenção e a vontade da

---

(46) Art. 882. O executado que não pagar a importância reclamada poderá garantir a execução mediante depósito da mesma, atualizada e acrescida das despesas processuais, ou nomeando bens à penhora, observada a ordem preferencial estabelecida no art. 655 do Código Processual Civil.

lei – § 4º, do art. 782 do novo CPC – ou seja, que haja pagamento integral da dívida, porque a execução somente estará garantida se o valor exequendo for integral, como dito no parágrafo anterior.

Esta norma deve ser analisada em conjunto com a do art. 517, que falamos acima, pois na omissão do art. 782 e parágrafos, quanto aos requisitos e elementos essenciais, deve-se utilizar alguns critérios ali expressos, em especial, dentre alguns ou todos de que fala o § 2º do art. 517, a fim de possibilitar aos órgãos de cadastro de inadimplentes elementos concretos e oficiais para a inscrição do nome do devedor. Penso que a forma também deve ser mediante ofício do juízo da execução, dirigido aos órgãos responsáveis pela inscrição.

O cancelamento ou a retirada do nome do devedor do cadastro de inadimplentes somente será possível se quitada integralmente a dívida. Neste caso, caberá ao juízo da execução promover, mediante ofício, a exclusão do nome do devedor do cadastro de inadimplentes, já que a inclusão decorreu de ordem sua.

É norma corrente na Resolução Administrativa n. 1.470, de 2011, do colendo TST, que a inclusão ou a exclusão do nome do devedor no cadastro de inadimplentes será sempre precedida de determinação judicial expressa. Por isso, paga integralmente a dívida trabalhista, o Juiz da execução determinará a expedição de ofício aos órgãos competentes para fazerem a imediata exclusão do nome do devedor do cadastro de inadimplentes.

É um procedimento também muito similar ao previsto no art. 642-A[47] da CLT, o qual dispõe sobre a Certidão Negativa de Débitos Trabalhistas,

---

(47) Art. 642-A. É instituída a Certidão Negativa de Débitos Trabalhistas (CNDT), expedida gratuita e eletronicamente, para comprovar a inexistência de débitos inadimplidos perante a Justiça do Trabalho. (Incluído pela Lei n. 12.440, de 2011)

§ 1º O interessado não obterá a certidão quando em seu nome constar: (Incluído pela Lei n. 12.440, de 2011)

I – o inadimplemento de obrigações estabelecidas em sentença condenatória transitada em julgado proferida pela Justiça do Trabalho ou em acordos judiciais trabalhistas, inclusive no concernente aos recolhimentos previdenciários, a honorários, a custas, a emolumentos ou a recolhimentos determinados em lei; ou (Incluído pela Lei n. 12.440, de 2011)

II – o inadimplemento de obrigações decorrentes de execução de acordos firmados perante o Ministério Público do Trabalho ou Comissão de Conciliação Prévia. (Incluído pela Lei n. 12.440, de 2011)

§ 2º Verificada a existência de débitos garantidos por penhora suficiente ou com exigibilidade suspensa, será expedida Certidão Positiva de Débitos Trabalhistas em nome do interessado com os mesmos efeitos da CNDT. (Incluído pela Lei n. 12.440, de 2011)

bastando o simples inadimplemento para se negativar o nome do devedor trabalhista no BNDT – Banco Nacional de Débitos Trabalhistas, instituído pelo art. 1º da RA n. 1.470-11.

Assim, em face da pobreza normativa do NCPC, além do simples inadimplemento, devidamente certificado, perante a Justiça do Trabalho, também é necessário que o Juiz da Execução faça o bloqueio eletrônico do débito no sistema Bacenjud, em cumprimento ao § 1º[48] do art. 1º da RA n. 1.470-2011, quanto às obrigações estabelecidas em sentença condenatória transitada em julgado ou em acordos judiciais trabalhistas, de quantia certa.

Após, sendo negativo o bloqueio eletrônico, resta autorizada a inscrição negativa do nome do devedor no cadastro de inadimplentes, consoante determina o § 4º[49] do art. 1º da RA n. 1.470/2011, o qual somente será retirado com o pagamento integral da dívida ou pelo decurso de 5 (cinco) anos. *Vale ressaltar que a execução provisória não autoriza a inscrição negativa do nome do devedor*.

Poder-se-ia até ir um pouco além do bloqueio eletrônico do Bacenjud, em homenagem à execução menos gravosa, e determinarmos também, o bloqueio eletrônico no Renajud, para então deferir a inscrição negativa do nome do devedor no Serasa ou SPC, autorizada pelo novo CPC. E esta nova possibilidade ficará ao livre arbítrio do juiz da execução trabalhista, sendo mais uma ferramenta tecnológica de grande valia nesta fase de que disporá o juiz do trabalho.

Por fim, vale registrar ser comum nos acordos trabalhistas vir grafada a possibilidade de inscrição no BNDT em caso de inadimplemento das obrigações trabalhistas assumidas. Portanto, doravante, essas duas possibilidades poderão vir registradas nos acordos judiciais como cláusulas indispensáveis e essenciais à efetividade do pactuado, as quais retratam a boa-fé das partes perante o Estado-juiz.

---

§ 3º A CNDT certificará a empresa em relação a todos os seus estabelecimentos, agências e filiais. (Incluído pela Lei n. 12.440, de 2011)
§ 4º O prazo de validade da CNDT é de 180 (cento e oitenta) dias, contado da data de sua emissão.(Incluído pela Lei n. 12.440, de 2011)
(48) § 1º Para os fins previstos no caput, considera-se inadimplente o devedor que, devidamente cientificado, não pagar o débito ou descumprir obrigação de fazer ou não fazer, no prazo previsto em lei.
(49) § 4º Verificada a inadimplência, é obrigatória a inclusão do devedor no Banco Nacional de Devedores Trabalhistas.

1.8. CUMPRIMENTO DEFINITIVO DA SENTENÇA

NCPC:

Art. 523. No caso de condenação em quantia certa, ou já fixada em liquidação, e no caso de decisão sobre parcela incontroversa, o cumprimento definitivo da sentença far-se-á a requerimento do exequente, sendo o executado intimado para pagar o débito, no prazo de 15 (quinze) dias, acrescido de custas, se houver.

§ 1º Não ocorrendo pagamento voluntário no prazo do caput, o débito será acrescido de multa de dez por cento e, também, de honorários de advogado de dez por cento.

§ 2º Efetuado o pagamento parcial no prazo previsto no caput, a multa e os honorários previstos no § 1º incidirão sobre o restante.

§ 3º Não efetuado tempestivamente o pagamento voluntário, será expedido, desde logo, mandado de penhora e avaliação, seguindo-se os atos de expropriação.

Como visto alhures, apenas 19 (dezenove) artigos da CLT disciplinam o Processo de Execução trabalhista, por isso há bastante carência de regras acerca do cumprimento da sentença. Mas, apesar da pobreza normativa da CLT sobre a matéria, ela não deixa completamente órfão o procedimento executório, eis que o art. 889[50] socorre-se da Lei dos Executivos Fiscais[51] como fonte auxiliar e faz avançar o processo de execução trabalhista em seus trâmites e incidentes, naquilo que não haja oposição, inversão, ou seja, contradizente às normas do Processo do Trabalho.

A subsidiariedade na LEF não é coisa estranha e nem desconhecida, haja vista que, logo no seu art. 1º[52], autoriza a aplicação do CPC em caso de omissão legislativa, donde se conclui que esse código será chamado toda vez que houver necessidade de integração ou de complementação legislativa no processo de execução fiscal e, por conseguinte, no processo de execução

---

(50) Art. 889. Aos trâmites e incidentes do processo da execução são aplicáveis, *naquilo em que não contravierem ao presente Título*, os preceitos que regem o processo dos executivos fiscais para a cobrança judicial da dívida ativa da Fazenda Pública Federal.

(51) *BRASIL. Lei n. 6.830, de 22 de setembro de 1.980.* Dispõe sobre a cobrança judicial da Dívida Ativa da Fazenda Pública, e dá outras providências. Disponível em: <http://www.planalto.gov.br/legislacao/legislacao-1/leis-ordinarias/legislacao/legislacao>. Acesso em: 28 set. 2015.

(52) Art. 1º A execução judicial para cobrança da Dívida Ativa da União, dos Estados, do Distrito Federal, dos Municípios e respectivas autarquias será regida por esta Lei e, *subsidiariamente, pelo Código de Processo Civil.*

trabalhista. **O ponto de equilíbrio será a ausência de colisão, da norma importada, com o Processo do Trabalho**, isto porque o art. 889 da CLT fez referência ao Título X, o qual disciplina-o.

Muito já se discutiu a respeito da compatibilidade das regras do cumprimento da sentença do CPC com o PT, tendo, inclusive, o TST emitido posicionamento contrário. No entanto, a excelsa corte trabalhista não tem conjugado adequadamente os procedimentos executivos referidos no processo do trabalho. Já é hora de se voltar o olhar para a modalidade de execução de que fala o § 2º do art. 879 da CLT, o qual se completa com a nova modalidade de execução de cumprimento de sentença previsto no novo Código de Processo Civil. Sobre essas compatibilidades passamos a dissertar.

Porém, se bem analisarmos as normas do Processo do Trabalho, veremos que o cumprimento da sentença mencionado no art. 523 e seus parágrafos, do NCPC, não são incompatíveis com suas regras. Aliás, apenas complementam o disposto no § 2º do art. 879 da CLT, o qual não é rico em critérios, sendo, destarte, incompleto, por isso as novas regras do NCPC amoldam-se como uma luva a esta modalidade de execução trabalhista, **haja vista que o Processo do Trabalho prevê duas formas procedimentais de se iniciar a execução**: a primeira opera-se por faculdade do juiz, o qual pode lançar mão do § 2º do art. 879. Se o fizer, poderá chamar à colação os procedimentos do art. 523 do NCPC, considerando:

a) Que a Justiça do Trabalho deve primar pela rápida solução dos processos, mormente de execução, consoante regra do art. 765 da CLT;

b) Os sistemas de compatibilidades e especificidades do Processo do Trabalho com o Processo Civil, por inteligência do art. 1º da LEF;

c) A adoção desordenada de ambos os procedimentos (CLT e CPC) acaba por tumultuar os ritos. Com isso, tem-se que harmonizar ambos, buscando uma inteligência consentânea com a simplicidade, celeridade e segurança do Processo do Trabalho;

d) Que ao Juiz do Trabalho compete executar as suas próprias decisões, conforme inciso II do art. 659 da CLT, deve, pois, exigir a garantia integral do juízo da execução para recebimento de impugnações, em respeito à interpretação hermenêutica do art. 882 c/c. art. 884, ambos da CLT;

e) Por fim, que a execução trabalhista se desenvolve, na maioria das vezes, por impulso oficial, nos termos do art. 878 da CLT, deve o magistrado HOMOLOGAR a conta e determinar a **intimação do devedor, na pessoa do seu advogado, para, no prazo de 15 (quinze) dias:**

e.1) pagar a quantia certa de R$ ____, espontaneamente, sob pena de a condenação ser acrescida de multa no percentual de 10% (dez por cento);

e.2) querendo, ofereça impugnação da conta de forma fundamentada, com indicação de itens e valores objeto da discordância, sob pena de preclusão.

No nosso dia a dia de magistrado, utilizamos o prazo único do CPC, ou seja, de 15 dias, em detrimento do prazo de 10 (dez) dias previsto no § 2º do art. 879, pois assim harmonizam-se os sistemas e garante-se ao executado amplo exercício ao devido processo legal, a fim de promover sua impugnação, sem, contudo, desnaturar, por completo, o processo operário.

O segundo procedimento executório disciplinado pela CLT é aquele previsto no art. 880, sendo um procedimento tradicional, conservador e inflexível, longe e desatualizado das novas tendências. Aqui o PT disciplina por completo o procedimento executório, por isso não há espaço para se implementar as inovações do CPC, nesta modalidade executória.

O tom a ser ministrado à execução trabalhista dependerá das aptidões e das tendências do magistrado: se conservador, utilizará as regras do art. 880; se mais arrojado, adotará as regras do § 2º do art. 879, o qual deixa o julgador mais a vontade no procedimento executório. Aliás, esse parágrafo, na verdade, possui raiz e espírito de artigo, mas por imperfeição legislativa acabou sendo reduzido em seu *status*.

Apenas para pontuar, sendo o Agravo de Petição o recurso adequado e específico das decisões na execução trabalhista, é ele que deve ser manejado contra a decisão da impugnação, sendo grosseiro manejar-se, em tal hipótese, os embargos à execução. Também não poderá, exaurido o prazo para impugnar a conta, opor embargos, visando discutir a dívida, haja vista que a força cogente e preclusiva do § 2º do art. 879 da CLT se imporá, porquanto ter-se-á operada a preclusão. São procedimentos díspares e inconciliáveis, inclusive quanto às matérias a serem debatidas; nos embargos à execução ela é bem mais restritiva, consoante dispõe o § 1º[53] do art. 884 da CLT; já na impugnação, a matéria é bem mais vasta e ampliativa.

---

(53) § 1º A matéria de defesa será restrita às alegações de cumprimento da decisão ou do acordo, quitação ou prescrição da divida.

Assim, prestigiou-se e protege-se a efetividade, a celeridade e simplicidade, princípios de relevo no Processo do Trabalho. Por isso, é recomendável que o magistrado da execução trabalhista tenha sempre o cuidado e o zelo de buscar concretude da sentença exequenda, em curto prazo, empregando um novo olhar às novas regras, a fim de construir uma nova mentalidade e um novo tempo. Essa preocupação já tínhamos manifestado, tanto que falávamos e advertíamos acerca da ineficácia da execução trabalhista, no distante ano de 2005[54], *verbis*:

> O ideal de justiça reclama que as decisões judiciais retratem o máximo de efetividade. Deste modo, torna-se urgente e peremptório dotar-se a maioria das decisões judiciais de caráter mandamental, em que a sua executoriedade se exaure em si mesma, sendo despiciendo submeter-se a um determinado e específico processo de execução, combalido e falido, pois não se pode tolerar que o Judiciário seja o único culpado pela demora excessiva dos processos, quando se sabe que a responsabilidade é de todos, mais do legislador, dos juízes e dos advogados, já que pouco fazem ou contribuem para termos um sistema mais leve e lépido, porquanto não basta assacar-lhe críticas, levantar-se bandeiras de celeridade se conscientemente não se quer uma justiça realmente (quando ela vier, se realmente vier, irá com toda certeza, incomodar aqueles maus devedores). Portanto, não bastam políticas de aparências, precisamos urgentemente de leis capazes de mudar o processo de execução, dando-lhe eficiência e concretude, rompendo de vez com o estado de falência, de inércia, de desídia e de decreptude que se encontra o processo de execução brasileiro.

Passados mais de 10 (dez) anos, muito pouco foi feito em termos de melhora da legislação trabalhista no cenário da execução trabalhista. Portanto, é passada a hora de enveredarmos por interpretações mais corajosas, além do desapego à literalidade da lei em determinadas situações, exigindo dos magistrados mais criatividade e ousadia na adoção de regras mais modernas e alvissareiras. Que sejam bem-vindas as inovações do novo CPC e que possam ser cumpridas, naquilo que não contrariarem normas e princípios caros do processo do trabalho, agindo-se com responsabilidade e bom-senso, de modo a permitir que o Poder Judiciário continue a distribuir justiça a quem dela realmente precisa.

---

(54) CORRÊA, Antonio de Pádua Muniz. *Execução contra a Fazenda Púbica*, p. 25.

1.9. IMPUGNAÇÃO EM EXCESSO DE EXECUÇÃO

NCPC:

Art. 525.

§ 1º Na impugnação, o executado poderá alegar:

V – excesso de execução ou cumulação indevida de execuções;

§ 4º Quando o executado alegar que o exequente, em excesso de execução, pleiteia quantia superior à resultante da sentença, **cumprir-lhe-á declarar de imediato o valor que entende correto**, apresentando demonstrativo discriminado e atualizado de seu cálculo.

§ 5º Na hipótese do § 4º, **não apontado o valor correto ou não apresentado o demonstrativo, a impugnação será liminarmente rejeitada**, se o excesso de execução for o seu único fundamento, ou, se houver outro, a impugnação será processada, mas o juiz não examinará a alegação de excesso de execução.

É muito comum o executado alegar, como matéria de execução trabalhista, excesso de execução, mesmo que o Processo do Trabalho nada fale acerca do assunto. No entanto, tem sido admitido sem nenhum entrave. A novidade consiste no fato de o executado, em sua impugnação, demonstrar, de logo, a parte incontroversa ou a que entende devida, sob pena da sua impugnação ser rejeitada liminarmente, circunstância, aliás, que tenderá a afastar impugnações chicaneiras, visto que terá que apresentar demonstrativo discriminado e atualizado de seu cálculo, por força do § 4º do art. 525.

Esta nova modalidade está em inteira harmonia com o item anterior. Ganha-se, com isso, considerável tempo, visto que a celeuma se restringirá a questões realmente importantes, o que obrigará o exequente a apresentar sua conta de forma escorreita e sem inserções indesejáveis, estranhas à coisa julgada, e, por óbvio, não poderá pleitear quantia superior à do título objeto de execução e nem deve a execução recair sobre coisa diversa daquela já declarada e reconhecida pelo Estado-juiz ou que seja processada de modo diferente do que foi determinado.

Elegendo o NCPC que o modo de execução também ensejará excesso, ressai como medida de extrema importância, a partir de março de 2016, deixar ao exclusivo encargo do juiz da execução escolher a melhor opção para se apurar os haveres, se se tratar de sentença ilíquida, pois, nesse caso, ele ordenará, previamente, a sua liquidação, que poderá ser feita por cálculo, por arbitramento ou por artigos, como determina a CLT. O juiz da execução terá mais condições, na época própria, de avaliar o melhor método de se apurar o quantum devido. Caso contrário, ficará preso à letra da lei, a qual tende a produzir incidentes indesejáveis.

Essa modalidade de liquidação, mais precisa e técnica, muito se assemelha à simplicidade da norma celetista, expressada no art. 899, § 1º[55], que autoriza o levantamento do depósito recursal por simples despacho do juiz, eis que trata-se de uma parcela incontroversa nos autos, porque já transitada em julgado a decisão exequenda. Por isso, realizados os cálculos, mormente por contador judicial, tem-se a princípio o *quantum* do decisum, o que possibilitará um juízo de maior certeza acerca da liberação do valor do depósito recursal: se total ou parcialmente.

Com igual intensidade e perfeição técnicas, o NCPC também repetiu o mesmo procedimento em sede de embargos à execução, disciplinando o excesso e a matéria objeto dos embargos etc. Todavia, se um dos pontos alegados for o excesso, deverá o embargante apresentar o valor que entenda correto desde logo, sob pena de os embargos à execução serem liminarmente rejeitados, sem resolução de mérito, se o excesso de execução for o seu único fundamento. Caso contrário, deixará de analisá-lo, atentando-se aos demais pontos, por inteligência do art. 917, § 4º, II[56]. Portanto, será muito bem-vinda ao processo do trabalho esta norma procedimental, a qual será muito bem utilizada na seara trabalhista, eis que não há nenhuma colisão com suas normas ou princípios.

Vale ressaltar que, nesta fase, mais uma vez, o novo CPC rejeita práticas chicaneiras porventura manejadas pela parte executada, caso utilize os embargos à execução como expediente apenas para procrastinar, hipótese em que será considerado litigante de má-fé por atentado à dignidade da justiça, como adverte o parágrafo único do art. 918[57], norma também plenamente compatível com o processo operário.

---

(55) § 1º Sendo a condenação de valor até 10 (dez) vezes o salário mínimo regional, nos dissídios individuais, só será admitido o recurso inclusive o extraordinário, mediante prévio depósito da respectiva importância. *Transitada em julgado a decisão recorrida, ordenar-se-á o levantamento imediato da importância de depósito, em favor da parte vencedora, por simples despacho do juiz.*

(56) § 4º Não apontado o valor correto ou não apresentado o demonstrativo, os embargos à execução:

I – serão liminarmente rejeitados, sem resolução de mérito, se o excesso de execução for o seu único fundamento;

II – serão processados, se houver outro fundamento, mas o juiz não examinará a alegação de excesso de execução.

(57) Art. 918. O juiz rejeitará liminarmente os embargos:

I – quando intempestivos;

II – nos casos de indeferimento da petição inicial e de improcedência liminar do pedido;

1.10. PREÇO VIL

NCPC:

Art. 891. Não será aceito lance que ofereça preço vil.

Parágrafo único. **Considera-se vil o preço inferior ao mínimo estipulado pelo juiz e constante do edital**, e, não tendo sido fixado preço mínimo, considera-se vil o preço inferior a cinquenta por cento do valor da avaliação.

O Direito Processual há muito se ressentia de uma norma específica, clara e objetiva disciplinando o que seria considerado preço vil, ônus que ficava ao encargo dos juízes e da jurisprudência. No entanto, havia muitas incertezas, tendo em vista o caráter subjetivo que cada juiz ou tribunal atribuíam ao conceito de preço vil.

Com essa norma reparar-se-ão injustiças e teremos parâmetros para aferir, de forma objetiva, o que será considerado preço vil. Homenageia-se o princípio da execução menos gravosa ao executado ou valoriza-se em demasia os bens suscetíveis de penhora e sujeitos à praça ou a leilão. Doravante, evita-se mais um expediente procrastinatório, e o executado será avisado de que o bem penhorado sofrerá determinado deságio ou depreciação.

A CLT é totalmente omissa a respeito dessa matéria, por isso poderá ser muito bem aplicada no dia a dia da execução trabalhista, principalmente pela simplicidade de seu enunciado, vez que, mesmo que nada conste do edital acerca do valor mínimo, porque não fixado pelo magistrado, a venda do bem não poderá ser inferior a 50% (cinquenta por cento) do valor da avaliação.

Ponto obscuro existente na norma é quanto ao limite para o magistrado fixar o preço mínimo. Poderá ser inferior aos 50% (cinquenta por cento) da avaliação? Dar a entender que o magistrado possui liberdade para fixar preço que poderá ser inferior ou superior à metade da avaliação.

Direito é bom-senso, razoabilidade e racionalidade, deste modo, penso que o Poder Judiciário não poderá enveredar por sentimentos mesquinhos, capazes de arruinar um dos litigantes, apenas em nome de metas e números. Existe um código moral e ético a nortear o processo judicial, embora não escrito em tinta e papel, mas inerente e afeto a todo ser humano, cujos valores integram a sociedade, os quais são aceitos como justos e razoáveis.

III – manifestamente protelatórios.

Parágrafo único. Considera-se conduta atentatória à dignidade da justiça o oferecimento de embargos manifestamente protelatórios.

1.11. AUTOCOMPOSIÇÃO EXTRAJUDICIAL NA JUSTIÇA DO TRABALHO E SUA HOMOLOGAÇÃO JUDICIAL

NCPC:

Art. 725. Processar-se-á na forma estabelecida nesta Seção o pedido de:

VIII – homologação de autocomposição extrajudicial, de qualquer natureza ou valor.

Art. 3º ...

§ 2º O Estado promoverá, sempre que possível, a solução consensual dos conflitos.

§ 3º A conciliação, a mediação e outros métodos de solução consensual de conflitos deverão ser estimulados por juízes, advogados, defensores públicos e membros do Ministério Público, inclusive no curso do processo judicial.

Art. 139. O juiz dirigirá o processo conforme as disposições deste Código, incumbindo-lhe: V – **promover, a qualquer tempo, a autocomposição**, preferencialmente com auxílio de conciliadores e mediadores judiciais.

O NCPC vem vocacionado a estimular a conciliação como ferramenta de apaziguar ânimos, estimular o diálogo e criar uma nova cultura de pôr fim ao litígio entre pessoas, preventivamente. Tudo com o objetivo de desafogar o Judiciário de demandas de qualquer natureza ou valor, as quais, muitas vezes, uma simples conversa ou um tom amigável favorecem a conciliação ou o acordo, viabilizando a retomada da paz social.

A nova regra é dirigida, primeiramente, àqueles que querem resolver de forma rápida, definitiva e segura uma querela. Mas, redigido o acordo, as partes devem procurar o Judiciário para chancelar o que fizeram, por isso, o juiz é chamado para garantir e atribuir segurança jurídica ao pactuado.

O procedimento que o legislador do NCPC elegeu fora de mera jurisdição voluntária, o qual não está jungido ao critério da legalidade estrita, como prevê o parágrafo único do art. 723[58] do referido Código. Mesmo assim, haverá sentença acolhendo ou não a homologação e, consequentemente, recurso, já que norma do art. 724[59] fala que, da sentença, caberá apelação.

---

(58) Art. 723. O juiz decidirá o pedido no prazo de 10 (dez) dias.
Parágrafo único. O juiz não é obrigado a observar critério de legalidade estrita, podendo adotar em cada caso a solução que considerar mais conveniente ou oportuna.
(59) Art. 724. Da sentença caberá apelação.

Mas, migrando esta possibilidade para o Processo do Trabalho, em face da sua total omissão no tocante ao assunto, deverá adequar-se às suas peculiaridades, princípios e tradição jurisprudencial, já assentadas sobre a conciliação ou acordo. Então seria compatível com o Processo do Trabalho esta nova modalidade de pôr termo ao litígio? A resposta é sim.

Ora, a Justiça do Trabalho vive e respira no seu cotidiano a possibilidade de conciliação ou de acordo a qualquer tempo, aliás, esta é sua tônica, finalidade e sua vocação, consoante a leitura do art. 764 da CLT.

Incentivar a conciliação ou o acordo entre partes também é uma forma de distribuir justiça social, e um meio seguro e espontâneo de desafogar a Justiça do Trabalho, a qual tem recebido inúmeras Reclamações Trabalhistas, cuja finalidade, muitas vezes, é obter tão somente a sua homologação.

É certo que o Juiz do Trabalho não estará obrigado a homologar a transação extrajudicial como direito das partes, consoante inteligência da Súmula n. 418 do colendo TST[60]. Em decorrência, poderá o magistrado trabalhista investigar a sua lisura, a espontaneidade e até qualquer tipo de simulação, mesmo em se tratando de jurisdição voluntária.

Não fosse só isso, também precisa-se voltar os olhos para as incidências previdenciárias, haja vista que as parcelas salariais e indenizatórias devem vir especificadas quanto às suas naturezas e valores, por inteligência da Súmula n. 368 do TST[61], principalmente se se tratar de acordo sem reconhecimento de vínculo, hipótese em que haverá incidência tanto da parte do trabalhador quanto do tomador dos serviços, consoante OJ n. 398, da SDI, do colendo TST[62].

---

(60) Súmula n. 418. MANDADO DE SEGURANÇA VISANDO À CONCESSÃO DE LIMINAR OU HOMOLOGAÇÃO DE ACORDO. Conversão das *Orientações Jurisprudenciais ns. 120 e 141* da SDI-II – Res. 137/2005 – DJ 22.08.2005. A concessão de liminar ou a homologação de acordo constituem faculdade do juiz, inexistindo direito líquido e certo tutelável pela via do mandado de segurança. (ex-OJs ns. 120 – DJ 11.08.2003 e 141 – DJ 04.05.2004). (Publicada no DJ de 22.08.2005).

(61) Súmula n. 368. DESCONTOS PREVIDENCIÁRIOS. ACORDO HOMOLOGADO EM JUÍZO. INEXISTÊNCIA DE VÍNCULO EMPREGATÍCIO. PARCELAS INDENIZATÓRIAS. AUSÊNCIA DE DISCRIMINAÇÃO. INCIDÊNCIA SOBRE O VALOR TOTAL. É devida a incidência das contribuições para a Previdência Social sobre o valor total do acordo homologado em juízo, independentemente do reconhecimento de vínculo de emprego, desde que não haja discriminação das parcelas sujeitas à incidência da contribuição previdenciária, conforme parágrafo único do art. 43 da Lei n. 8.212, de 24.07.1991, e do art. 195, I, *a*, da CF/1988.

(62) OJ n. 398. CONTRIBUIÇÃO PREVIDENCIÁRIA. ACORDO HOMOLOGADO EM JUÍZO SEM RECONHECIMENTO DE VÍNCULO DE EMPREGO. CONTRIBUINTE INDIVIDUAL.

Por isso, a fim de evitar desconfianças, simulação ou qualquer outro vício de vontade a macular a proposta de acordo, a sua homologação na Justiça do Trabalho poderá exigir ou dependerá de ratificação da parte obreira perante a secretaria da VT, se a quitação alcançar o extinto contrato de trabalho, como medida que reclama cautela, prudência e segurança.

Vale lembrar que, havendo homologação de acordo extrajudicial pelo Ministério do Trabalho, torna-se desnecessária a intervenção da JT, por inteligência da OJ n. 34 da SDC[63], eis que seria inútil buscar o que já se tem; faltaria, destarte, interesse à parte em obter nova homologação. Todavia, se houver descontentamento com a homologação perante o MTE, tal ato poderá ser revisto mediante ação anulatória, como qualquer ato jurídico.

Tais demandas na Justiça obreira também impactarão positivamente nas pautas de audiências, haja vista que não mais ocuparão horários importantes delas, sendo até mesmo um espaço relevante para novas ações que realmente envolvam litígio, além de contribuir para certa brevidade das pautas.

O acordo extrajudicial de qualquer natureza e valor, na Justiça do Trabalho, deve ser bem analisado em seus aspectos legais e formais, éticos e morais, porquanto trará consequências graves e definitivas, pois, uma vez homologado, adquire a qualidade de coisa julgada material, somente podendo ser desfeito por ação rescisória, consoante Súmula n. 259 do colendo TST[64]. **Eis aqui uma relevante peculiaridade do Direito Processual do Trabalho.** Diferentemente do Processo Civil, que o desconstitui por ação de nulidade de ato jurídico. Como negócio jurídico que é a autocomposição, se oportunamente vier a ser observado algum vício, ou até mesmo nulidades

---

RECOLHIMENTO DA ALÍQUOTA DE 20% A CARGO DO TOMADOR E 11% A CARGO DO PRESTADOR DE SERVIÇOS. Nos acordos homologados em juízo em que não haja o reconhecimento de vínculo empregatício, é devido o recolhimento da contribuição previdenciária, mediante a alíquota de 20% a cargo do tomador de serviços e de 11% por parte do prestador de serviços, na qualidade de contribuinte individual, sobre o valor total do acordo, respeitado o teto de contribuição. Inteligência do § 4º do art. 30 e do inciso III do art. 22, todos da Lei n. 8.212, de 24.07.1991. (Publicada no DJe 03.08.2010).

(63) *OJ n. 34 da SDC. ACORDO EXTRAJUDICIAL. HOMOLOGAÇÃO. JUSTIÇA DO TRABALHO. PRESCINDIBILIDADE.* É desnecessária a homologação, por Tribunal Trabalhista, do acordo extrajudicialmente celebrado, sendo suficiente, para que surta efeitos, sua formalização perante o Ministério do Trabalho (art. 614 da CLT e art. 7º, inciso XXXV, da Constituição Federal).

(64) *SÚMULA N. 259. TERMO DE CONCILIAÇÃO. AÇÃO RESCISÓRIA TERMO DE CONCILIAÇÃO. AÇÃO RESCISÓRIA.* Só por ação rescisória é impugnável o termo de conciliação previsto no parágrafo único do art. 831 da CLT. (Res. 7/1986, DJ 31.10.1986)

absolutas, insanáveis, esta sentença pode ser anulada por via da ação de nulidade de ato jurídico ou até mesmo a via da *querela nullitatis insanable*, como bem salientado e lembrado por Livramento[65].

E é por isso que se faz necessário saber da real intenção do trabalhador, inclusive se o acordo atende às suas expectativas e se o mesmo é voluntário e definitivo.

Por se tratar de uma nova ferramenta a imprimir uma nova cultura e um novo olhar, é de bom tom que a Justiça do Trabalho não nutra certo preconceito contra a noviça norma ou guarde uma antipatia com a nova prática, fazendo um prejulgamento de que todas as propostas de acordos extrajudiciais serão sempre ofensivas e prejudiciais aos trabalhadores ou simulação. No acordo extrajudicial se pretende pôr fim a futuro litígio envolvendo eventuais direitos pendentes de consolidação ou que guardem certa dose de incertezas, tais como: horas extras, comissões, indenizações acidentárias ou decorrentes de assédio etc.

O que não vejo possível é a parte buscar, na Justiça do Trabalho, homologação de verbas rescisórias decorrentes de demissão imotivadas ou com justa causa, isto porque existem órgãos responsáveis para tanto: os Sindicatos e o Ministério do Trabalho e Emprego. Porém, havendo extraordinária dificuldade da empresa em efetuar a homologação, principalmente por indisponibilidade financeira que a inviabilize de honrar com todas as verbas rescisórias de vários empregados, penso que em tais situações excepcionalíssimas poderá a Justiça do Trabalho analisar eventual acordo entre trabalhadores e empregador, notadamente no caso de haver demissão coletiva ou em massa, por extinção do empreendimento.

Como tudo que é novo geralmente causa resistência e desconfiança, creio que o bom e experiente juiz saberá bem distinguir o joio do trigo. É tão verdadeira essa assertiva que o **acordo extrajudicial, uma**[66] **vez homologado, adquire a qualidade de título judicial**, consoante se lê no art. 515 do NCPC[67]. Desta conclusão ressai, então, que a sentença a ser proferida, homologando a transação extrajudicial, tal qual o desejo das partes, será irrecorrível, como dantes afirmado.

---

(65) LIVRAMENTO, Geraldo Aparecido do. *Execução no Novo CPC*. 2015. p. 27.

(66) *Idem, Ibidem.*

(67) Art. 515. São *títulos executivos judiciais*, cujo cumprimento dar-se-á de acordo com os artigos previstos neste Título:

II – a decisão homologatória de autocomposição judicial;

III – a decisão homologatória de autocomposição extrajudicial de qualquer natureza;

Aliás, esse também é o pensamento de Livramento:

> Ao receber o pedido o juízo averigua se o mesmo está formalmente em ordem, e assim, formando seu convencimento quanto à formalidade, emite a decisão na espécie de sentença homologatória, *e entendemos que esta de imediato transita em julgado e já passa a ter eficácia, pois, se homologada a vontade das partes, estas não terão interesse de agir pela via recursal.* (grifo nosso).

Mas, se houver negativa de homologação, no meu pensar, desafiará recurso ordinário na Justiça do Trabalho, por isso, deve ser bem fundamentada a decisão negatória, demonstrando claramente quaisquer vícios ou malefícios ao trabalhador. Contudo, sobrevindo a reforma da decisão, penso que o tribunal poderá e deverá emitir voto homologando a transação, ou seja, o tribunal julgará todas as questões suscitadas e discutidas no processo, ainda que não tenham sido solucionadas, isto em homenagem e respeito ao art. 1.013, § 1º, do novo CPC[68].

Como dito alhures, o novo direito não se prestará tão somente para homologar verbas rescisórias decorrentes de demissões, principalmente se houver quitação do extinto contrato de trabalho, assumindo, por sonegação e usurpação, a Justiça do Trabalho, as funções legais e regulamentares dos órgãos homologadores, se assim o fizer.

O direito criado pelo legislador de 2015 é novo, mesmo que para a JT a prática de buscar homologação não seja nada nova, visto que ela se apresenta ao Estado-juiz com outro nome, com outra aparência e com outro aspecto: reclamação trabalhista. Todavia, sabemos que tais práticas existem, no entanto, pressionados que somos pela alta demanda trabalhista, acabamos por homologar acordos cuja litigiosidade é meramente aparente. É tão verdadeira essa premissa, que muita vez, até mesmo antes da audiência inaugural, as partes comparecem nas secretarias das Varas pedindo homologação de acordos já entabulados.

Concluo, destarte, que a conciliação extrajudicial pode preencher esse vazio, aproximando as pessoas, forçando-as a um diálogo antecedente ao processo judicial. É, sim, um boa iniciativa do NCPC e plenamente compatível com o Processo do Trabalho.

---

(68) Art. 1.013. A apelação devolverá ao tribunal o conhecimento da matéria impugnada.

§ 1º Serão, porém, objeto de apreciação e julgamento pelo tribunal todas as questões suscitadas e discutidas no processo, ainda que não tenham sido solucionadas, desde que relativas ao capítulo impugnado.

1.11.1. Comissões de Conciliação Prévia na Justiça do Trabalho

No mesmo espírito, a fim de possibilitar uma releitura das Comissões de Conciliação Prévia na Justiça do Trabalho, no que pese terem sido causa de muitas discussões, em face de homologarem acordos prejudiciais aos trabalhadores, penso que a culpa não é delas, mas do homem que assentou-se em suas cadeiras, razão pela qual, sentido-se prejudicado pelo acordo, poderá o trabalhador buscar a responsabilização do Sindicato que não lhe representou condignamente, cuja indenização não poderá ser superior àquela que teria direito se seu contrato de trabalho tivesse vigorado.

As CCP, embora preservadas, restaram mutiladas pelo STF, quando este desobrigou o empregado de submeter, previamente, a sua demanda às Comissões, constituindo mera faculdade. Infelizmente, o STF ignorou esta nova e alvissareira visão, inclusive a doutrina de então. Este era o pensamento de Sérgio Pinto Martins, em 2009, *apud* Mancuso, 2014, p. 415-416:

> Se o empregado não tentar a conciliação, o juiz irá extinguir o processo sem julgamento de mérito (art. 267, VI, do CPC), por não atender a condição da ação estabelecida na lei. Se não houve tentativa de conciliação na Comissão, não existe pretensão resistida e não há interesse de agir da parte em postular perante o Judiciário.

Em decorrência, a jurisprudência do TST vem se pronunciando, firmada no precedente do STF. Ei-la:

RECURSO DE REVISTA. SUBMISSÃO DA DEMANDA TRABALHISTA À COMISSÃO DE CONCILIAÇÃO PRÉVIA. ART. 625-D DA CONSOLIDAÇÃO DAS LEIS DO TRABALHO. INTERPRETAÇÃO CONFORME A CONSTITUIÇÃO FEDERAL. DIREITO DE ACESSO À JUSTIÇA. **A regra inserta no art. 625-D da Consolidação das Leis do Trabalho, que prevê a submissão de qualquer demanda de natureza trabalhista às Comissões de Conciliação Prévia, não impede o ajuizamento da reclamação trabalhista perante a Justiça do Trabalho, ante a observância do livre acesso ao Poder Judiciário, gravado no art. 5º, XXXV, da Constituição Federal.** Nesse sentido, o Plenário do Supremo Tribunal Federal, no julgamento das ADIs ns. 2.139-7 e 2.160-5, deferiu medida liminar para dar interpretação conforme à Constituição Federal ao art. 625-D da CLT, segundo a qual as demandas trabalhistas podem ser submetidas ao Poder Judiciário sem necessidade de submissão à Comissão de Conciliação Prévia, em face do direito universal dos cidadãos de acesso à Justiça, consagrado como dogma no art. 5º, XXXV, da Constituição da República. Precedentes da SBDI-1 do TST. Recurso de revista conhecido e provido. (TST – RR: 15005220085050036 1500-52.2008.5.05.0036,

Relator: Walmir Oliveira da Costa, Data de Julgamento: 25.09.2013, 1ª Turma, Data de Publicação: DEJT 27.09.2013, grifo nosso)

No meu entender, esta orientação está em desarmonia com o anseio da própria sociedade, materializada em algumas normas infraconstitucionais, as quais criaram instâncias administrativas, como visto alhures, gerando no seio dos jurisdicionados verdadeira descrença e menos valia das instâncias administrativas país afora. É o que pensa Mancuso[69]:

> No que se refere à judicialização das relações jurídico-administrativas, seus efeitos perniciosos não limitam o aumento da carga de serviço dos juízes e dos percentuais de processos nos quais o Estado figure como parte: além de reforçar a descrença da população na capacidade das instâncias administrativas em resolverem seus problemas, o repasse contínuo das controvérsias administrativas ao Judiciário como instância decisória também contribui para que a Administração se torne cada vez mais ineficiente.

Como disse, exemplificadamente, a instância administrativa fora prevista constitucionalmente para: a) **conflitos de natureza desportiva**, consoante art. 217, § 1º, da CF, o qual determina que tais demandas sejam, primeiramente, submetidas à Justiça Desportiva, a qual possui o prazo de 6 (seis) meses para dirimi-las; b) **a injunção de habeas data** perante o Judiciário está condicionada ao prévio esgotamento da via administrativa, consoante se vê no art. 8º da Lei n. 9.507, de 1997; c) **mandado de segurança**, pois o art. 5º, II, da Lei n. 12.016, de 2009, nos informa que não pode ser concedido contra ato do qual caiba recurso administrativo com efeito suspensivo, pois no dizer de Mancuso[70], sim, porque antes de encerrada a instância recursal administrativa, não está (ainda) configurado o prejuízo que deflagraria a necessidade da impetração, nem tampouco a autoridade poderia ser considerada coatora, dentre outros.

Vejamos, mais um vez, por conveniente, a justificação de Mancuso[71] acerca de outros meios persuasivos de resolução de demandas:

> A admissao e a implantação de um sistema de justiça dentre nós, nos moldes do preconizado na Res. CNJ n. 125/2010, integrado não

---

(69) MANCUSO, Rodolfo de Camargo. 2014. p. 400.
(70) *Idem. Op. cit.*, p. 399.
(71) *Idem. Op. cit.*, p. 405.

apenas por órgãos judiciais mas também por outros, nos setores públicos, privado e no chamado terceiro setor, permite a deslocação da demanda exarcerbada por justiça estatal, em direção a esses outros meios e modos preventivos ou resolutivos, do que resultaria mais de uma externalidade positiva: (i) a gradual percepção, pela comunidade, de que a Justiça estatal não é receptáculo natural ou necessário de toda e qualquer controvérsia, **mas uma instância a ser buscada quando frustradas outras possibilidades** (nem por outro motivo a nota predominante do interesse de agir é a necessidade da busca pela Justiça estatal); (ii) *a atenuação da sobrecarga processual dos juízes, os quais poderão utilizar o tempo assim poupado, no exame de casos complexos que reclamem cognição plena e exauriente;* (III) **a preservação do tecido social, que, de outro modo, se esgarça ao atrito da crescente litigiosidade de massa** (grifo nosso).

Eis uma nova oportunidade para se renovar a antiga doutrina e jurisprudência, passando-se, doravante, as Comissões de Conciliações Prévias, na Justiça do Trabalho, ostentar novo papel e relevante contribuição à comunidade e sociedade, sem a pecha do compadrio.

1.11.2. Autocomposição judicial: objeto conciliado. Alcance e limites

Os dias atuais estão excessivamente litigiosos. Ninguém mais tem paciência para ouvir, falar e perdoar. Por tudo se litiga e se pretende reparação. A vida moderna está mesmo muito corrida, não há tempo para muitas coisas importantes, muito menos para se dialogar. Busca-se o Judiciário para tudo, inclusive para pequenas questões. Joga-se nas mãos dos juízes a responsabilidade de resolver inquietações da vizinhança, meros dissabores do cotidiano e até frustrações. Tudo isso seria resolvido com poucas palavras e uma dose de paciência, tolerância e boa vontade entre partes, por isso, muito oportuna a fala de Mancuso[72], ao abordar o tema Acesso à Justiça:

> O vezo de se enfatizar o acesso à Justiça (sob a generosa palavra facilitação) tem levado a exageros, e, de envolta, **tem projetado externalidades negativas, a começar pela (equivocada) mensagem passada à coletividade de que o normal é a judicialização de todo e qualquer interesse ameaçado ou contrariado.** Isto tem criado uma expectativa de presteza e efetividade da intervenção jurisdicional que, ao depois, o Estado não tem como atender, ou pior, buscando sofregamente fazê-lo,

---

(72) *Idem. Op. cit.*, p. 395-396.

acaba oferecendo resposta de menor qualidade, numa Justiça de massa e padronizada, notoriamente lenta, ao depois totalizada sob a óptica quantitativa das cifras e estatística entre o *in put* e o *out put* dos processos (grifo nosso).

Nos dias atuais, o foco para a conciliação tem sido o de um tom apelativo, persuasivo, estimulante e constante, por isso, começa-se atribuir ao direito de ação uma nova roupagem, especialmente quanto às suas condições e, em particular, ao interesse para agir. Aliás, o novo CPC já não fala mais em condições de ação, especificando apenas a legitimidade e o interesse como possibilidades de resolução sem mérito.

A persuasão é empregada para se esgotar todos os meios disponíveis às partes a fim de procurarem o Judiciário somente após buscarem, pelo menos, uma ocasião de entendimento ou de um pronunciamento daquele responsável pelo desentendimento, donde ressai atualíssima a lição de Mancuso[73], segundo o qual a crescente valorização e emprego dos meios não judiciais de pacificação e condução à ordem jurídica justa, dito meios alternativos, reforça a ideia da equivalência entre eles e a atividade estatal chamada jurisdição.

Infelizmente, temos ainda muito arraigada em nossa cultura a judicialização por qualquer motivo. Preferimos a sentença judicial a envidarmos esforços para dialogarmos com o outro, o qual é sempre visto como "o adversário ou o inimigo".

É um paradigma que precisa ser revisto, quebrado, vencido, modificado e transformado, isto porque a grande facilidade de demandar traz para o país um enorme encargo ou uma injusta taxação aos contribuintes, pois quanto mais demanda, mais necessário se faz aparelhar o Poder Judiciário de estruturas materiais e humanas (prédios, varas, juízes, servidores, sistema de vigilância armada e virtual, computadores etc.).

Por isso, valho-me, mais uma vez, da lição de Mancuso[74], falando acerca do livre acesso ao Judiciário, estampado no inciso XXXV do art. 5º da nossa Constituição Federal de 1988.

Há também um equívoco, ou no mínimo um exagero, em perscrutar no citado texto constitucional uma natural manifestação de cidadania – **como se a Justiça estatal fosse um guichê de reclamações**

---

(73) *Idem. Op. cit.*, p. 405.
(74) *Idem. Op. cit.*, p. 398.

genéricas, acessível sob qualquer pretexto – quando na verdade a entrega pronta e imediata de uma controversa ao Estado-juiz significa que os interessados não tentaram antes compô-la, seja diretamente ou com intercessão de um agente facilitador (grifo nosso).

Demandar por demandar nada mais é do que um poço sem fundo; tudo em nome do livre acesso do jurisdicionado às portas do Judiciário brasileiro, o qual pode ser disciplinado e ordenado por vias auxiliares já existentes em nosso ordenamento jurídico. A exemplo, temos: conflitos de natureza desportiva, art. 217, § 1º, da CF; decisões de Tribunais de Contas, art. 71, pois elas podem ser desconstitutivas, declaratórias, injuncionais ou mandamentais e condenatórias; Compromisso de Ajustamento de Conduta; Convenção de Arbitragem; Comissões de Conciliação Prévia etc.

Aliás, esta fora a opinião de Ada Pellegrini Grinover, no distante ano de 1992, falando a respeito do PL n. 3.118/1992: "nenhuma inconstitucionalidade pode ser vislumbrada na instituição de uma tentativa obrigatória de conciliação prévia ao processo, nos termos em que foi proposto" (apud MANCUSO, p. 415).

Oportuno frisar que o objeto do acordo não resta limitado pelas verbas pagas ou apenas as rescisórias, eis que, segundo o § 2º[75] do art. 515 do NCPC, a autocomposição pode envolver sujeito estranho ao processo <u>e versar sobre relação jurídica que não tenha sido deduzida em juízo ou não se restrinja apenas ao pagamento de parcelas e valores negociados</u>, **mas pode alcançar o extinto contrato de trabalho.**

Resta evidente a intenção do legislador de pôr fim, em definitivo, ao futuro litígio em potencial, evitando, principalmente, a quitação parcial, porquanto, se assim não for, haverá ainda direitos remanescentes a postular e, por conseguinte, verbas pendentes as quais devem ser removidas, apagadas e extirpadas pelo espírito de conciliação a envolver as partes.

Lembro-me de um caso em que, na conciliação, as partes transacionaram a estabilidade acidentária, a indenização acidentária e as verbas rescisórias futuras, que poderiam advir quando o autor retornasse de alta do auxílio-doença, além da extinção do contrato de trabalho, obtendo-se a quitação total, claro.

Outro caso intrigante e bem desconfortável ao magistrado, se dá quando advém uma sentença que julga improcedente a demanda. Todavia, mesmo

---

(75) § 2º A autocomposição judicial pode envolver sujeito estranho ao processo e versar sobre relação jurídica que não tenha sido deduzida em juízo.

assim, as partes resolvem se conciliar. A improcedência seria algum fato impeditivo ou condição para não se efetivar ou se restabelecer a paz social por meio de conciliação? Penso que não, eis que, se tal hipótese ocorrer, por evidente, a sentença não terá sido capaz de pôr fim à insatisfação e nem terá restaurado a paz social, não sendo ela uma decisão justa, porque não resolvera a demanda segundo o princípio moralizador de restituir o *status quo*.

Tão verdadeira essa premissa que, se a parte vencedora aceitar negociar ou conciliar, esta atitude atípica demonstra a injustiça da decisão judicial, mesmo que ela esteja conforme os ditames da lei. Temos aqui uma trilogia não menos angustiante: injustiça *versus* justiça e moral.

Neste caso, a prudência aconselha o magistrado fazer pelo menos uma breve investigação acerca da vontade do réu, principalmente quanto à existência de algum vício de vontade, notadamente ameaça ou coação, muito embora seja difícil, chegando às raias da impossibilidade, haver inversão de papéis, ou seja, o trabalhador dá causa a tais condutas. Mas, fica o alerta. Nada constando de anormal, percebendo haver apenas a vontade da parte ré de restabelecer ou reparar uma injustiça, poderá o magistrado homologar a transação ou acordo, vindo este a substituir, integralmente, a sentença.

A regra ora analisada não é nova, pois já existia no direito processual revogado. Ela estava em pleno desuso. Todavia, na Justiça do Trabalho, onde se respira conciliação, sendo ela admitida em qualquer fase do processo, será uma ferramenta interessante a estimular, ainda mais, esta fase prévia do Processo do Trabalho. Por outro lado, penso que o alcance e o limite ao objeto conciliado na JT decorrerá de sua matriz competencial, constitucionalmente estruturada no art. 114 da Constituição Federal, pois não poderá um juiz do trabalho homologar transação penal, por exemplo.

1.12. A PRESCRIÇÃO INTERCORRENTE NO DIREITO DO TRABALHO

CLT, art. 884.

§ 1º A matéria de defesa será restrita às alegações de cumprimento da decisão ou do acordo, quitação **ou prescrição da dívida**.

NCPC:

Art. 924. Extingue-se a execução quando:

V – ocorrer a prescrição intercorrente.

Art. 925. A extinção só produz efeito quando declarada por sentença.

1.12.1. Introdução

A prescrição intercorrente no Processo do Trabalho é admitida pelo STF há muito tempo, embora o TST não a reconheça nem a negue, veementemente, por meio do seu direito sumular. Todavia, por força do art. 899 da CLT, aplica-se subsidiariamente a LEF ao processo de execução trabalhista. No entanto, mesmo com a resistência da Justiça do Trabalho de 2º e 3º graus, o 1º grau a tem admitido sem muitos obstáculos. Por isso, será muito bem-vinda a introdução no Direito Processual Civil, pelo NCPC, de mais uma regra explícita admitindo a prescrição intercorrente como uma das formas de extinção da execução, pois não é razoável que o devedor fique eternamente nesta condição, como cativo do credor por toda a vida. Isto remonta ao direito romano antigo, no qual a execução era corporal e não patrimonial.

Adotando o legislador civil, de forma clara e indubitável, essa regra, não poderá mais haver resistências meramente semânticas, principalmente nos dias atuais, em que se dispõe de meios eletrônicos efetivos e rápidos para se descobrir os bens do devedor. Como por exemplo, temos o Bacen, Infojud, Renajud, CCS, sistema Simba etc., além das tradicionais consultas aos cartórios imobiliários.

Esta tendência do NCPC desfaz, na seara trabalhista, uma tremenda injustiça cometida aos executados, os quais continuavam com a espada de dâmocles em seus pescoços, sempre pronta a degolar o executado por sua falta de bens, mesmo passados cinco, dez ou vinte anos. O NCPC vem corrigir esta estultícia e recolocar o trem nos trilhos. Aliás, os Juízes do Trabalho da 16ª Região, reunidos em jornada jurídica, editaram enunciado reconhecendo expressamente a pertinência de se pronunciar a prescrição intercorrente[76].

Sabe-se que o instituto da prescrição é regulamentado pelo direito material, por isso o Direito do Trabalho, o Direito Civil, o Direito Penal etc, tratam da matéria de forma estratificada, regendo-a o Direito Civil, de forma geral e específica para as relações da vida civil.

A prescrição é uma das formas que o Direito encontrou para pôr fim a uma obrigação. Serve para cortar ou extirpar um vínculo jurídico pela inércia do seu titular, por isso institui prazos para que o titular de um direito violado, lesado ou ameaçado exercite determinada pretensão.

---

(76) EXECUÇÃO TRABALHISTA. PRESCRIÇÃO INTERCORRENTE. APLICABILIDADE AO PROCESSO DO TRABALHO. Esgotados os meios de execução pelo impulso oficial, aplica-se a prescrição intercorrente, após 2 anos, contados da intimação do exequente para apresentar meios hábeis ao prosseguimento da execução.

A prescrição tem por função pacificar e restituir a paz de espírito ao devedor de uma dívida não cobrada ou, apesar de cobrada, este não teve condições patrimoniais de honrar a sua dívida. Serve também como agente de estabilização e equilíbrio da ordem social ao atribuir às relações civis, comerciais e trabalhistas, segurança jurídica.

É em nome da segurança jurídica que o Direito das gentes reconhece o instituto da prescrição. Caso contrário, haveria uma instabilidade capaz de gerar conflitos de interesses intensos entre gerações, perenizando dívidas. Voltaríamos à barbárie ou ao Direito antigo, em que a execução era corporal, chegando ao absurdo do credor escravizar o devedor e seus familiares, se este não tivesse como honrar a dívida não paga.

Com a prescrição intercorrente não é diferente. Ela não deixa de ser uma norma viável, viva e apta para ser aplicada, principalmente nos processos judiciais trabalhistas. Não pode o credor trabalhista transformar-se em verdadeiro algoz e inimigo da paz social e da pacificação dos ânimos, ainda que exista prejuízo de não receber o seu crédito, por falta de patrimônio do devedor. Hipótese em que invertem-se os papéis: quem era subjugado e oprimido, agora oprime com a frieza da lei e sem piedade, porém, com um gravíssimo agravante: agora por meio do Estado-juiz. É como se tivesse uma guilhotina pronta para decapitar o seu eterno devedor. Isso gera guerra, injustiça, inquietação, revolta e animosidade, porque pereniza o litígio.

Geralmente, quando o Juiz do Trabalho declara prescrito o crédito do exequente, em um processo judicial, já constatou a total insolvência do devedor, principalmente nos dias de hoje, em face das ferramentas tecnológicas que lhes são disponíveis. Constatada a inexistência patrimonial, o processo fica amontoado em prateleira aguardando a iniciativa do credor.

1.12.2. A prescrição intercorrente

Este é um assunto por demais esquecido pelo Processo do Trabalho, embora muito antigo. Há uma enorme resistência dos tribunais de reconhecer uma realidade há muito almejada pelo legislador, mas rechaçada pela jurisprudência do colendo TST, inclusive mantendo atual o entendimento do enunciado na sua Súmula n. 114[77]. Então, qual prescrição pode ser alegada nos Embargos à Execução de que fala o § 1º do art. 884 da CLT senão aquela ocorrida ou verificada após o trânsito em julgado da sentença de mérito? Poderia se alegar, na fase de execução, prescrição não aventada na

---

(77) Súmula n. 114. É inaplicável na Justiça do Trabalho a prescrição intercorrente.

fase de conhecimento? A resposta é negativa, visto que existe um obstáculo intransponível nesta etapa: a autoridade da coisa julgada.

O art. 884 da CLT[78] encontra-se inserido no Capítulo V, Seção III, ou seja, exatamente ou especificadamente no Processo de Execução, portanto, a fase de discussão, de debates, inclusive recursal do processo de conhecimento está completamente exaurida. Aqui não há espaço para se rediscutir matéria preclusa, não se podendo, nesta fase, se revolver matéria pertinente à causa principal, por expressa vedação legal do § 1º do art. 879 da CLT[79], já que o Processo de Execução, na Justiça do Trabalho, sempre foi sincrético. Não fosse só isso, também há impeditivo legal do art. 836 da CLT[80], no sentido de vedar aos órgãos da Justiça do Trabalho conhecer de questões já decididas.

Portanto, por óbvio, deduz-se que a prescrição autorizada na fase de execução só pode ser a intercorrente, em face dos impeditivos legais dos arts. 879, § 1º e 836, ambos da CLT. Mas, o Supremo Tribunal Federal também já tinha sinalizado e autorizado a sua aplicação no Processo do Trabalho, fato tão instigante e repetitivo que a Corte Excelsa editou e publicou a Súmula n. 327[81], achando, com isso, que estava pondo fim à celeuma. Enganou-se, pois o TST continuou teimando e resistindo, tanto que a sua Súmula n. 114 continua em plena vigência.

Com a publicação de EC n. 45/2004, o constituinte derivado instituiu entre nós o **princípio da duração razoável do processo judicial**, quando introduziu o inciso LXXVIII[82] no art. 5º da CF. Doravante, o processo judicial tem início, meio e fim, já não mais pode ficar nas prateleiras além do necessário ou além do prazo legal para que o devedor seja expropriado dos seus bens.

---

(78) Art. 884. Garantida a execução ou penhorados os bens, terá o executado 5 (cinco) dias para apresentar embargos, cabendo igual prazo ao exequente para impugnação.

(79) § 1º Na liquidação, não se poderá modificar, ou inovar, a sentença liquidanda nem discutir matéria pertinente à causa principal.

(80) Art. 836. É vedado aos órgãos da Justiça do Trabalho conhecer de questões já decididas, excetuados os casos expressamente previstos neste Título e a ação rescisória, que será admitida na forma do disposto no Capítulo IV do Título IX da Lei n. 5.869, de 11 de janeiro de 1973 – Código de Processo Civil, sujeita ao depósito prévio de 20% (vinte por cento) do valor da causa, salvo prova de miserabilidade jurídica do autor.

(81) Súmula n. 327. O direito trabalhista admite a prescrição intercorrente.

(82) LXXVIII – a todos, no âmbito judicial e administrativo, são assegurados a razoável duração do processo e os meios que garantam a celeridade de sua tramitação. (Incluído pela Emenda Constitucional n. 45, de 2004)

Tem sido uma preocupação do Direito Constitucional brasileiro imprimir efetividade a suas normas e, por irradiação, ao direito infraconstitucional. Foi assim quando instituiu o pagamento de Pequeno Valor contra a Fazenda Pública, sem a necessidade de precatório. Não alcançando a sua finalidade, aprimorou-se ainda mais o Direito Constitucional pela EC n. 62/2009 e institui-se um valor mínimo para o Pequeno Valor, a fim de ser observado por seus destinatários, em face da insignificância do valor que era praticado por Estados e Municípios.

Com o princípio da duração razoável, busca-se concretude, eficácia e utilidade para o processo judicial, o que reafirma o Direito como um bem coletivo. Este mesmo princípio foi reproduzido pelo art. 4º do novo CPC, tornando evidente que o mesmo alcança a atividade satisfativa. Todavia, o legislador de 2015 perdeu excelente oportunidade para estipular um prazo razoável para cada instância ou fase processual. Pecou por omissão.

Mas, ainda que haja vozes defendendo a inaplicabilidade da prescrição intercorrente no Processo do Trabalho, porque inexiste norma específica disciplinando a matéria, então, valho-me da subsidiariedade ou de regra lacunosa porventura existente no processo de execução trabalhista, por força do comando do art. 889[83] da CLT, o qual chama a complementá-lo na omissão ou na lacuna da lei trabalhista a Lei dos Executivos Fiscais.

No mesmo espírito de efetividade e utilidade, o legislador infraconstitucional, através da Lei n. 11.051, de 2004, alterou o art. 40 da Lei n. 6.830, de 22 de setembro de 1980, acrescentando-lhe o § 4º[84], o qual instituiu, de forma inequívoca e sem subterfúgio, a prescrição intercorrente no procedimento de cobrança de dívidas pela Fazenda Pública, a qual pode ser declarada, inclusive de ofício pelo magistrado, se preenchidos os requisitos previstos *caput* do art. 40[85] da LEF.

Uma vez suspensa a execução, já decorrido o prazo de um ano no arquivo provisório sem que fosse encontrado o devedor ou bens sobre os quais possa recair a penhora, e, se transcorrido o prazo prescricional, o juiz

---

(83) Art. 889. Aos trâmites e incidentes do processo da execução são aplicáveis, naquilo em que não contravierem ao presente Título, os preceitos que regem o processo dos executivos fiscais para a cobrança judicial da dívida ativa da Fazenda Pública Federal.

(84) § 4º Se da decisão que ordenar o arquivamento tiver decorrido o prazo prescricional, o juiz, depois de ouvida a Fazenda Pública, poderá, de ofício, reconhecer a prescrição intercorrente e decretá-la de imediato.

(85) Art. 40. O juiz suspenderá o curso da execução, enquanto não for localizado o devedor ou encontrados bens sobre os quais possa recair a penhora, e, nesses casos, não correrá o prazo prescricional.

está autorizado a declarar prescrito o crédito exequendo, de ofício, é o que abstraio dos §§ 1º e 2º[86] do art. 40 em epígrafe. Procedimento que não é estranho ao Processo do Trabalho, ao contrário, pois lhe é muito peculiar e rotineiramente utilizado por ele, por força e inteligência do art. 878[87] da CLT, o qual autoriza o magistrado promover a execução, atuando de ofício.

Como disse alhures, o processo judicial deve ter início, meio e fim, portanto, não podendo se perenizar. Deve estar afetado de utilidade, caso contrário será excessivamente dispendioso para a própria sociedade, com gasto de pessoal, tempo, papel, energia e outros materiais afetos a sua tramitação. Sabendo disso, o legislador infraconstitucional, em 2009, fez nova alteração no art. 40, inserindo nele o § 5º[88], dispensando, inclusive, a manifestação da Fazenda Pública, quando o valor do crédito exequendo for inferior ao patamar mínimo que autorize a sua manifestação.

O novo CPC, seguindo a mesma tendência e mergulhado no espírito do prazo razoável, reconheceu a pertinência e importância da prescrição intercorrente, elegendo em seu art. 924, V, a possibilidade da execução ser extinta quando tal evento ocorrer, porém, quando o executado não possuir bens penhoráveis, o juiz suspenderá a execução pelo prazo de 1 (um) ano. Por toda evidência, o prazo da prescrição intercorrente também não fluirá. Ultrapassado o prazo da suspensão sem manifestação do exequente, começa a fluir o prazo desta.

Destarte, não localizado o executado ou bens livres e desembaraçados, o juiz, depois de ouvida as partes, no prazo de 15 (quinze) dias, poderá, de ofício, reconhecer a prescrição intercorrente, extinguindo-se o processo de execução. Portanto, muito bem-vindo mais este acréscimo legislativo que o Processo do Trabalho poderá utilizar, restando vencida a teimosia do TST.

Todavia, a excelsa corte trabalhista, ao editar a IN n. 39[89], exclui do alcance do processo do trabalho o art. 924, V, do novo CPC, provocando

---

(86) § 1º Suspenso o curso da execução, será aberta vista dos autos ao representante judicial da Fazenda Pública. § 2º Decorrido o prazo máximo de 1 (um) ano, sem que seja localizado o devedor ou encontrados bens penhoráveis, o Juiz ordenará o arquivamento dos autos.

(87) Art. 878. A execução poderá ser promovida por qualquer interessado, *ou ex officio pelo próprio Juiz* ou Presidente ou Tribunal competente, nos termos do artigo anterior.

(88) § 5º A manifestação prévia da Fazenda Pública prevista no § 4º deste artigo será dispensada no caso de cobranças judiciais cujo valor seja inferior ao mínimo fixado por ato do Ministro de Estado da Fazenda. (Incluído pela Lei n. 11.960, de 2009)

(89) A IN n. 39, instituída pela Resolução Administrativa n. 203 do colendo TST, está sendo questionada pela Anamatra, por meio da ADIn n. 5.516, distribuída para a Min. Carmen Lúcia.

verdadeiro retrocesso e criando ainda mais insegurança, posto que, no primeiro grau de jurisdição, a questão é unânime. Totalmente incompreensível esta atitude do TST, o qual procura ser mais real que o legislador brasileiro em suas diversas tentativas de admitir a prescrição intercorrente no Direito do Trabalho. Sua conduta chega a ser omissiva, beirando às raias da desobediência civil. Por isso, perdeu uma excelente oportunidade para deixar o Direito do Trabalho progredir, respirar e se rejuvenescer.

A pressa exegética do TST, além de imobilizar e garrotear a evolução do Direito do Trabalho, usurpou dos juízes de 1º e 2º graus a prerrogativa de interpretarem a recém-nascida lei adjetiva brasileira, deixando entrever, com a edição apressada da IN n. 39, a inapetência dos juízes do trabalho de todo Brasil de interpretarem as leis do país. É lamentável tamanha bravura, principalmente porque sequer o TST se preocupou em buscar, no seio da magistratura de piso, um consenso ou uma decisão majoritária, recusando-se ouvir pelo menos a Anamatra e as Amatras. Preferiu, no entanto, o caminho isolado e autoritário de impor um pensamento cristalizado e sem legitimidade associativa, ao menos.

A Anamatra preocupada com os efeitos jurídicos da IN n. 39, formulou, junto a Corregedoria-Geral da Justiça do Trabalho, a consulta que originou o Processo TST-Cons-17652-49.2016.5.00.0000[90], a fim de obter a sua *ratio* quanto a liberdade dos magistrados interpretarem o novo CPC, tendo a Corregedoria respondido à consulta, concluindo que:

> 1) a interpretação do Juiz do Trabalho em sentido oposto ao estabelecido na Instrução Normativa n. 39/2016 não acarreta qualquer sanção disciplinar;
> 2) a interpretação concreta quanto à aplicabilidade das normas do CPC (Lei n. 13.105/2015), em conformidade com as regras da Instrução Normativa n. 39/2016 não desafia o manejo da correição parcial, por incabível à espécie, até porque a atividade hermenêutica do ordenamento jurídico exercida pelo magistrado encerra tão somente o desempenho da sua função jurisdicional, o que não implica em tumulto para os efeitos do *caput* do art. 13 do RICGJT, apto a ensejar a medida correicional; [...]

Disto ressai, contudo, a preservação da independência jurídica do Juiz do Trabalho em desenvolver a sua função de intérprete e aplicador da lei. Porém, a fundamentação da consulta deixa entrever a evidente sisudez do TST em questões áridas e impactantes para o processo do trabalho, as quais continuarão garroteadas.

---

(90) Consulta respondida em 1º de setembro de 2016.

1.12.3. O prazo prescricional

Não basta declarar a prescrição, visto que, para tanto, necessário se faz indagar qual seria o prazo que autorizaria o decreto da extinção da execução trabalhista, após se constatar a total falta patrimonial do devedor.

Especificamente no Direito do Trabalho ou no Processo do Trabalho não encontro nenhuma regra falando da prescrição dos créditos trabalhista na execução, com ressalva ao § 1º do art. 884 da CLT, ainda assim excessivamente genérica. Temos, então, duas coisas bem distintas: prescrição de créditos trabalhistas e prescrição da execução.

No primeiro caso constitui regra por demais conhecida de que os créditos trabalhistas prescrevem em 5 (cinco) anos, hipótese geralmente observada quando do julgamento de mérito, pois é matéria de defesa. Portanto, não deve ser esta a observada na execução.

Por se tratar de execução, em tese, tem-se uma nova ação, mesmo que o procedimento seja sincrético, no qual tudo se resolve nos mesmos autos do processo de conhecimento. Mais uma vez, chamo o Direito Sumular do Supremo Tribunal Federal para iluminar a questão. Segundo a Súmula n. 150[91], do STF, a execução prescreve no mesmo prazo da ação.

No Direito do Trabalho, o direito de ação é sempre de 2 (dois) anos, regra reproduzida pelo § 1º do art. 11 da CLT e corroborada pela Súmula n. 362 do colendo TST[92]. Assim, uma vez exauridas todas as possibilidades de persecução patrimonial do devedor sem êxito, ou se o devedor não for encontrado, deve o processo adormecer no arquivo provisório por até 2 (dois) anos, aguardando a iniciativa do exequente.

Cumpre ressaltar que a norma do art. 791[93] da CLT ainda vige. Destarte, a sua parte final, muito esquecida na Justiça do Trabalho, impõe ao

---

(91) Súmula n. 150. Prescreve a execução no mesmo prazo de prescrição da ação.

(92) Art. 11. O direito de ação quanto a créditos resultantes das relações de trabalho prescreve: I – em cinco anos para o trabalhador urbano, *até o limite de dois anos após a extinção do contrato*. Súmula n. 362. FGTS. PRESCRIÇÃO. I – Para os casos em que a ciência da lesão ocorreu a partir de 13.11.2014, é quinquenal a prescrição do direito de reclamar contra o não recolhimento de contribuição para o FGTS, *observado o prazo de dois anos após o término do contrato*; II – Para os casos em que o prazo prescricional já estava em curso em 13.11.2014, aplica-se o prazo prescricional que se consumar primeiro: trinta anos, contados do termo inicial, ou cinco anos, a partir de 13.11.2014 (STF-ARE-709212/DF). *Com redação dada pela Resolução TST n. 198, de 09.06.2015, DEJT de 11.06.2015, REP em 12.06.2015, REP em 15.06.2015.*

(93) Art. 791. Os empregados e os empregadores poderão reclamar pessoalmente perante a Justiça do Trabalho *e acompanhar as suas reclamações até o final.*

autor da ação trabalhista que acompanhe a sua causa até o final. Dever processual do qual não se aniquila pelo fato do processo trabalhista se desenvolver, quase que exclusivamente, pelo impulso oficial. Este encontra barreira intransponível quando não se encontram bens disponíveis para expropriá-los, ou quando o executado não é localizado.

Na balança da cidadania existem sempre dois pratos: direito e dever. Não se exercita o primeiro se o segundo não for observado. O autor de qualquer ação judicial tem o direito de receber do Estado uma resposta, uma solução para o seu problema. Por outro lado, há deveres processuais dos quais o autor não pode eximir-se sob o argumento da hipossuficiência. Não pode, por exemplo, deixar de informar nome completo, razão social, CGC e o endereço do réu, além da sua qualificação e de acompanhar a sua demanda até o final etc.

Assim, decorrido o prazo bienal sem qualquer alteração dos fatos ou sem qualquer iniciativa do exequente, indicando meios idôneos para satisfazer ou impulsionar a execução, deve o magistrado, ainda que de ofício, decretar a prescrição nos exatos termos da Súmula n. 150 do STF.

De tudo estudado e analisado, não tenho nenhuma dúvida quanto a aplicabilidade da prescrição intercorrente no processo de execução trabalhista, quer seja pela redação do § 1º, do art. 884, da CLT, quer seja pela regra supletora da LEF ao processo de execução trabalhista ou até mesmo pela orientação sumular do STF, combinada com a nova ordem imposta pelo NCPC. Já é hora de o TST mudar sua jurisprudência sumular, adequando-a aos reclamos do princípio da duração razoável do processo, aos fins da lei e aos anseios da sociedade.

1.13. CASO DE INAPLICABILIDADE DA REVELIA E CONFISSÃO NO PROCESSO DO TRABALHO

Art. 345. A revelia não produz o efeito mencionado no art. 344 se:

II – o litígio versar sobre direitos indisponíveis;

Norma plenamente harmônica com o processo do trabalho em face deste está rodeado de normas cogentes, de ordem pública, sendo inteiramente aplicável e incindível. Como direito indisponível, no processo do trabalho, temos o direito ao trabalho, ao salário mínimo, à aposentadoria, às férias, ao repouso remunerado e ao FGTS, ao seguro-desemprego, ao PIS e às normas de segurança e saúde do trabalhador etc.

Segundo o professor Orlando Gomes[94], a lei de ordem pública seria aquela que coincide com os interesses essenciais do Estado ou da coletividade, ou que fixa, **no direito privado**, as bases jurídicas fundamentais sobre as quais **repousa a ordem econômica ou moral** de determinada sociedade.

Por isso, mesmo que ocorra a revelia do empregador, o empregado não poderá renunciar aos ditos direitos indisponíveis, porque decorrem de lei, de ordem pública, principalmente no que toca à assinatura da CTPS, porque, do vínculo de emprego, geralmente decorrem as contribuições para o FGTS, cuja função social é indiscutível, a Previdência e PIS.

IV – as alegações de fato formuladas pelo autor forem inverossímeis ou estiverem em contradição com prova constante dos autos.

O CPC de 2015 consolida uma realidade há muito vivenciada pelo Processo do Trabalho e até mesmo pelo Processo Civil, ou seja, mesmo ocorrendo a revelia, esta não vincula o magistrado a ponto de obrigá-lo a proferir uma sentença favorável ao autor. Este tem direito a uma decisão, tão somente, o qual decorre do direito de ação.

Temos aqui duas suposições que a lei achou por bem ressaltar como valores éticos do processo: alegações inverossímeis ou contradizentes ao conjunto probatório. Privilegiou-se a lealdade processual e o princípio da boa-fé processual, eis que, a lei espera das partes uma postura honesta e leal. Trata-se, pois, de boa-fé objetiva.

Mas, no campo do Processo Civil, a boa-fé não está tão sedimentada e amalgamada quanto no Direito Civil, razão pela qual devemos buscar melhor orientação naquele ramo do direito, já que, não sendo o sistema jurídico estanque, deve comunicar-se com os demais, a fim de melhor servir o seu povo, reprimindo-se condutas meramente dolosas.

A boa-fé é hoje um princípio fundamental da ordem jurídica brasileira, particularmente relevante em todos os ramos do direito, tanto que agora passa a nortear o Processo Civil como um dos seus princípios fundamentais, eis que, consagrado no seu art. 5º[95].

A boa-fé, portanto, tem sua origem nas virtudes humanas, pois presume-se que o homem de entendimento médio seria incapaz de causar prejuízos a outrem. As suas ações devem guiar-se pela ausência de intenção dolosa, pela

---

(94) GOMES, Orlando. *Contratos*, p. 32-33.

(95) Art. 5º Aquele que de qualquer forma participa do processo deve comportar-se de acordo com a boa-fé.

sinceridade e lisura na hora de demandar. Não se admite que alguém utilize o processo judicial como engano, ou use-o com extrema malícia e engodo na hora de peticionar. Exige-se um mínimo de lealdade das partes.

Assim, a homenagem do CPC de 2015, no que pertine ao afastamento da revelia, quando as alegações do autor não forem verdadeiras ou simplesmente não encontrarem ressonância na prova constante dos autos, vem ao encontro de uma conduta objetiva afeta às partes na hora de demandar, sendo merecedora de elogios, e, será muito bem-vinda ao processo do trabalho, o qual tem se ressentido pela falta de condutas moralizadoras no âmbito de seu dia a dia.

Doravante, o magistrado não mais estará sozinho quando julgar improcedente demanda eivada de inverdades e sem nenhuma sustentação fática a justificar a condenação do réu. A parte autora terá, doravante, ou espera-se que tenha, maior zelo, cuidado e responsabilidade na hora de demandar, porque, na interpretação do pedido o juiz também considerará o princípio da boa-fé, conforme os ditames do § 2º do art. 322[96] do novo CPC.

O princípio da demanda passa a estar afeto ao elemento boa-fé. Já não mais se poderá ignorar esta imposição legal à parte autora, pois passa-se a exigir dela um comportamento objetivo de agir com lealdade e honestidade. Essa norma não pode cair no esquecimento dos juristas, quer sejam advogados, quer sejam juízes, porque, a partir de então, a litigância de má-fé e o atentado à dignidade da justiça terão um peso e incidência maior na rotina do Judiciário.

O processo judicial passa a ostentar uma ética própria e particularizada, de observância obrigatória, aconselhando-se maior cuidado na hora de se decidir demandar, não se admitindo mais pedidos infiéis e insinceros. Por outro lado, também demandará uma nova leitura dos juízes aos ditames exponenciais das iniciais, devendo reprimir ações enfermas e desprovidas de boa-fé objetiva.

1.14. ACESSO AOS TRIBUNAIS E O DEVER DE PRESTAR A TUTELA JURISDICIONAL

NCPC

Art. 3º Não se excluirá da apreciação jurisdicional ameaça ou lesão a direito.

Art. 6º Todos os sujeitos do processo devem cooperar entre si para que se obtenha, em tempo razoável, decisão de mérito justa e efetiva.

---

(96) Art. 322. O pedido deve ser certo.
§ 2º A interpretação do pedido considerará o conjunto da postulação e observará o princípio da boa-fé.

O livre acesso aos tribunais não pode ser entendido, tão somente, pela liberdade de se ajuizar ações, nem pela livre locomoção em fóruns e prédios públicos, ou, ainda, pelo dever de o Poder Judiciário proferir decisões de natureza obstativa ao direito material.

Os Tribunais Superiores que não podem se negar a analisar questões jurídicas relevantes, também não podem optar por proferir decisões inconstitucionais e injustas, ao excluírem-se, por completo, da relação processual, como um estranho, inviabilizando completamente o diálogo com as partes. Atitude essa que está na contramão do novíssimo dever de cooperação que deve existir entre os sujeitos do processo, cujo objetivo maior é viabilizar a obtenção de uma decisão de mérito justa, equitativa e efetiva.

Agindo dessa forma, golpeiam-se o direito de acesso aos tribunais, integrado que é pelo processo justo ou equitativo, composto pelo direito de ação, pelo direito a uma decisão justa de mérito de forma fundamentada, o direito ao recurso e a execução do julgado. Porém, o direito de ação não pode ser considerado apenas como fato abstrato, imaterial e mecânico de se ajuizar uma demanda.

O próprio STF também já se manifestou no sentido de afirmar e reconhecer o princípio da proibição da negação de jurisdição pelos tribunais, tornando clarividente a amplitude e o conteúdo do dever de o Estado-juiz prestar a tutela jurisdicional invocada, traduzida na absoluta proibição de o Tribunal não deixar de considerar as alegações e as provas produzidas pelas partes, *ex vi* do RE 172.084, da 2ª Turma, Rel. Min. Marco Aurélio.

A Constituição Federal, ao atribuir aos Tribunais Superiores o poder/dever de prestar a jurisdição recursal, elegendo-os como guardiãs do Direito Federal, criou para o jurisdicionado o direito subjetivo de obter uma resposta ao seu recurso quanto a análise da questão jurídica debatida, por mais que o acúmulo de demandas tenha um grande impacto sobre eles, não será justificativa para não fazê-lo, *uma vez cumpridos os requisitos do recurso de natureza extraordinária*. Por isso, não poderá o Tribunal recusar-se ou criar obstáculos para o jurisdicionado obter a tutela jurisdicional invocada.

Ao ausentarem-se do debate, pela pecha de falta de prequestionamento, os tribunais traem os seus deveres constitucionais e violam a Constituição Federal, ao omitirem-se no cumprimento de um dever jurídico-constitucional. Eles não fazem nenhum favor ao jurisdicionado, haja vista possuírem o dever de dizer o direito infraconstitucional, analisando todos os aspectos das violações à lei em que fora apontadas.

O inciso XXXV do art. 5º da Constituição Federal trata do livre acesso ao Poder Judiciário, por isso, obstaculizá-lo, além dos ditames legais, viola o dispositivo constitucional em seu âmago e espírito, por consistir um direito fundamental do homem. Portanto, não cumpre o dispositivo constitucional decisão de tribunal que não entrega a tutela jurisdicional invocada de forma plena, definitiva e útil, porquanto não decidida a matéria controvertida, preferindo tangenciar-se em fundamentação meramente formal.

O livre acesso não pode ser compreendido tão somente como a facilidade de distribuição de uma ação graciosamente. Este mandamento constitucional agrega o chamado processo justo ou equitativo, o qual compreende o direito de ação, o direito ao processo justo, com irrestrita garantia à imparcialidade e independência do juiz, à igualdade jurídica das partes, com paridade de armas, inclusive assegurando a elas o direito de deduzirem suas razões de fato e de direito, além de produzirem suas provas e de serem ouvidas, com absoluto respeito ao contraditório.

Disto resulta, inexorável, o direito subjetivo das partes de obterem dos tribunais uma decisão de mérito que ponha fim ao litígio, analisando a matéria controvertida, de forma fundamentada e com direito à via recursal. Tudo sob o olhar atento do prazo razoável. É nesse sentido que a doutrina mais atual vem caminhando, a fim de concretizar o direito constitucional como algo palpável e útil à vida das pessoas.

São direitos fundamentais reconhecidos por nossa Constituição, expressamente materializados em normas-princípios ou isoladamente. Tão valorosos que o legislador criou limites para o próprio Estado, erigindo muros de proteção ao cidadão, garantindo e viabilizando o seu amplo acesso a todas as instâncias do Poder Judiciário.

Pesquisando a doutrina sobre o conceito moderno do direito de ação, em comentários ao inciso XXXV do art. 5º da Constituição[97], podemos destacar que:

> Esta norma, caso interpretada em seu sentido meramente literal, dirige-se apenas contra o legislador, proibindo um fazer, ou seja, a exclusão da apreciação. A proibição de exclusão da apreciação, assim como a proibição de o juiz se negar a decidir, constituem garantias a um não fazer do Estado. Um não fazer imprescindível para a efetivação do direito à tutela jurisdicional.

---

(97) CANOTILHO, J. J. Gomes; MENDES, Gilmar Ferreira; SARLET, Ingo Wolfgang; STREECK, Lenio Luiz. *Comentários à Constituição do Brasil*. 2014. p. 360-361.

O direito de ação não é simplesmente o direito à resolução do mérito ou a uma sentença sobre o mérito. **O direito de ação é o direito à efetiva e real viabilidade da obtenção da tutela do direito material** (grifo nosso).

Portanto, o direito de ação, quando visto na direção das prestações positivas devidas pelo legislador, *além de adquirir a feição de direito de acesso à justiça, assume a figura de direito à pré-ordenação das técnicas processuais idôneas à viabilidade da obtenção das tutelas prometidas pelo direito substancial*. (Grifo nosso).

Ora, seguindo a pesquisa, ela nos conduz a um ponto comum acerca da obrigação de o Estado cumprir, de forma exauriente, a entrega da tutela jurisdicional. Assim, na mesma obra – Comentários à Constituição – resta evidente que o art. 5º, XXXV, da CF afirma um direito de ação abstrato e atípico, mas capaz de permitir a obtenção das várias tutelas prometidas pelo direito material. Exatamente por isso, o direito de ação não pode ser limitado ao direito de pedir a resolução do mérito.

O direito de ação não se exaure com a apresentação da petição inicial ou das razões de recurso, conforme se poderia pensar, a partir de uma leitura rápida do art. 312 do CPC de 2015. O direito de ação tem diversos corolários, iniciando com o direito de participar adequadamente do processo, mediante a apresentação de alegações e de produção de provas em determinado prazo, e de influir sobre o convencimento do magistrado.

Esta questão não foge aos processualistas, os quais também são unânimes em admitir que o direito de ação corresponde a um conjunto de procedimentos, capaz de conduzir a um resultado útil e concreto. É o que colho de Comentários ao CPC de 2015[98], feitos por José Silva, *verbis*:

> No dizer da mais abalizada doutrina, deve-se assegurar às pessoas que buscam o Judiciário o resultado útil do processo, sendo que toda a atividade jurisdicional deve ser pautada pela busca incessante dessa utilidade do provimento, como uma maneira de se promover a justiça do caso concreto. Em outras palavras, o acesso à justiça não significa apenas a garantia da propositura da demanda (ajuizamento da ação), devendo materializar-se em todos os atos do procedimento (rito a ser

---

(98) SILVA, José Antonio Ribeiro de Oliveira; DIAS, Carlos Eduardo Oliveira; FELICIANO, Guilherme Guimarães; TOLEDO FILHO; Manoel Carlos. *Comentários ao Novo CPC*, e sua aplicação ao processo do trabalho. 2016. p. 15.

seguido), até a entrega da prestação jurisdicional, seja mediante um provimento cautelar, cognitivo ou satisfativo ao autor da demanda, que efetivamente satisfaça a sua pretensão – caso tenha ganho de causa.

Por falar em livre acesso, também não se pode deixar de lado Cappelletti e Garth[99], os quais asseveram que o acesso à justiça, nessa ordem de ideias, pode e deve ser encarado como o requisito fundamental, o mais básico dos direitos humanos, de um sistema jurídico moderno e igualitário que pretenda garantir, e não apenas proclamar direitos de todos. *Os juristas precisam, agora, reconhecer que as técnicas processuais servem a funções sociais.*

Por fim, valho-me da doutrina de Daniel Amorim Assunção Neves[100], ao comentar o novo Processo Civil brasileiro, logo no art. 1º, diz referir-se a acesso à ordem jurídica justa, deixando claro que a ideia de acesso à tutela jurisdicional adequada encontra-se fundada em quatro ideias principais, sendo verdadeiras vigas mestras do entendimento. Vejamos as mais impactantes ao nosso estudo:

> Uma vez ampliado o acesso, deve-se observar o respeito ao devido processo legal, em especial a efetivação do contraditório real e do princípio da cooperação. Significa dizer que as partes devem desempenhar um papel fundamental durante o processo, **com ampla participação e efetiva influência no convencimento do juiz. De nada adiantará a ampliação do acesso se tal participação não for incentivada e respeitada no caso concreto.** *Essa ampla participação pode ser obtida por intermédio de um contraditório participativo, mediante o qual o juiz mantenha um diálogo permanente e intenso com as partes, bem como por meio do contraditório efetivo, sendo as participações das partes aptas a influenciar a formação do convencimento do juiz.*
>
> A mencionada participação das partes acarreta ao menos duas evidente vantagens: a) quanto mais ampla tiver sido a participação das partes, maiores serão as chances de obtenção de pacificação social, considerando-se que a parte derrotada que entende ter feito tudo que havia a fazer para defender seu interesse em juízo tende a se conformar mais facilmente com a sua derrota; b) sendo a participação das partes ampla, o juiz terá mais elementos para valorar e proferir uma decisão de melhor qualidade.

---

(99) CAPPELLETTI, Mauro; GARTH, Bryant. *Acesso à Justiça*. 1998. p. 12.
(100) NEVES, Daniel Amorim Assunção. *Novo Código de Processo Civil Comentado, artigo por artigo*. 2016. p. 2-4.

J.J Canotilho e Vital Moreira, comentando o art. 20 da Constituição da República Portuguesa[101], dizem que este dispositivo constitucional do livre acesso se trata de verdadeiro direito fundamental da pessoa humana. Eles assim se expressaram:

> O direito de acesso ao direito e à tutela jurisdicional efetiva [...] é, ele mesmo, um direito fundamental constituindo uma garantia imprescindível da proteção de direitos fundamentais, sendo, por isso, inerente à ideia de Estado de Direito. De qualquer modo, ninguém pode ser privado de levar a sua causa (relacionada com a defesa de um direito ou interesse legítimo e não apenas de direitos fundamentais) à apreciação de um tribunal, pelo menos como último recurso. Por isso, o art. 20 consagra um direito fundamental independentemente da sua recondução a direito, liberdade e garantia ou a direito análogo aos direitos, liberdades e garantias.

O acesso aos tribunais geralmente se materializa por meio do processo judicial, o qual é impulsionado pelo direito de ação. O professor J. J. Gomes Canotilho[102], tal qual os doutrinadores brasileiros, expandem o direito ao acesso aos tribunais de forma a sustentar a sua real garantia pela ação, além de sua efetividade, eis o que disseram:

> O direito de acesso aos tribunais a que se refere o n. 1 inclui, desde logo, no seu âmbito normativo, quatro "subdireitos" ou dimensões garantistas: (1) o direito de ação ou de acesso aos tribunais; (2) o direito ao processo perante os tribunais; (3) o direito à decisão da causa pelos tribunais; (4) o direito à execução das decisões dos tribunais.

Mais adiante, o doutrinador lusitano, J. J. Canotilho[103], discorrendo sobre o direito de ação, afirma que o mesmo é um direito subjetivo de levar determinada pretensão ao conhecimento do órgão judicial, solicitando a abertura de um processo, com o conseguinte dever (direito ao processo) do mesmo órgão de, sobre ela, se pronunciar, mediante decisão fundamentada (direito à decisão) e consoante o sentido da decisão exigir, se for o caso disso, a execução da decisão do tribunal, proferida no caso. O direito de

---

(101) CANOTILHO, J. J. Gomes; MOREIRA, Vital. *Constituição da República Portuguesa anotada*, vol. I, artigos 1º a 107, p. 408-409.

(102) *Idem. Op. cit.*, p., 414.

(103) *Idem. Op. cit.*, p. 414-415.

ação ou direito de agir em juízo terá de efetivar-se por meio de um processo equitativo. *O processo, para ser equitativo, deve, desde logo, compreender todos os direitos – direito de ação, direito ao processo, direito à decisão*, direito à execução da decisão jurisdicional – dantes referido.

Da mesma forma, Fernando Rodrigues[104], comentando o CPC português, diz que a garantia de acesso aos tribunais deve ser irrestrita e sem obstáculos. Vejamos:

> O direito de acesso aos Tribunais envolverá identicamente a eliminação de todos os obstáculos injustificados à obtenção de uma decisão de mérito, que opere a justa e definitiva composição do litígio, privilegiando-se assim claramente a decisão de fundo sobre a mera decisão de forma.

As normas estratificadas nos arts. 3º e 6º do novo CPC terão incidência plena no processo do trabalho, não só por absoluta omissão desse ramo especializado mas, principalmente, porque não há nenhuma incompatibilidade com as referidas normas e o processo laboral. Serão bem-vindos ao cotidiano laboral porque decorrem da mais legítima vontade constitucional.

A inafastabilidade da jurisdição passa a ecoar com novas formas e novo olhar, agora fincado na máxima utilidade do processo judicial como princípio basilar de uma nova regra procedimental. Somando-se isto ao dever de colaboração imposto pelo art. 6º, objetivando um fim comum: a entrega pelo Estado-juiz de uma decisão de mérito fundamentada e que seja justa. A justiça aqui não se refere a reconhecer determinado direito a uma das partes, mas, ao proferi-la, deve-se guardar estreita obediência ao contraditório, ampla defesa e assegurar efetiva participação das partes no convencimento do magistrado.

Cooperar quer dizer atuar, juntamente com outros, para um mesmo fim; contribuir com trabalho, esforços, auxílio; colaborar. Doravante, os sujeitos do processo – juízes, advogados e partes – serão obrigados a ter uma conduta mais ativa no processo, no sentido de viabilizar sempre um fim comum: a entrega da tutela jurisdicional invocada. Trata-se de uma conduta objetiva, afeta à boa-fé, capaz de conduzi-los a um estado de espírito comum e mais elevado. O direito perde o cunho egoísta/individualista e passa a ser impulsionado por um desejo social comum e coletivo, a fim de proporcionar a pacificação dos conflitos e a tão almejada paz social.

---

(104) RODRIGUES, Fernando Pereira. *O Novo Processo Civil: os princípios estruturantes.* 2013. p. 12.

A obrigação de contribuir com o sistema de justiça é de todos, no campo das possibilidades, do bom-senso e da razoabilidade.

DO DIREITO DAS GENTES E O LIVRE ACESSO

1 – DECLARAÇÃO UNIVERSAL DOS DIREITOS DO HOMEM (Art. 8º e 10).

Art. 8º da DUDH – Toda a pessoa tem direito a recurso efetivo para as jurisdições nacionais competentes contra atos que violem os direitos fundamentais reconhecidos pela Constituição ou pela lei.

Art. 10 da DUDH – Toda pessoa tem direito, em plena igualdade, a que a sua causa seja eqüitativa e publicamente julgada por um tribunal independente e imparcial que decida dos seus direitos e obrigações ou das razões de qualquer acusação em matéria penal que contra ela seja deduzida.

2 – CONVENÇÃO AMERICANA SOBRE DIREITOS HUMANOS – (Art. 25).

Art. 25 da CADH – Proteção Judicial

1) Toda pessoa tem direito a um recurso simples e rápido ou a qualquer outro **recurso efetivo**, perante os juízes ou tribunais competentes, que a proteja contra atos que violem seus direitos fundamentais reconhecidos pela constituição, pela lei ou pela presente Convenção, mesmo quando tal violação seja cometida por pessoas que estejam atuando no exercício de suas funções oficiais.

2) **Os Estado-Partes comprometem-se**:

a) a assegurar que a autoridade competente prevista pelo sistema legal do Estado **decida sobre os direitos de toda pessoa que interpuser tal recurso**;

b) a desenvolver as possibilidades de recurso judicial;

Não custa lembrar que a República do Brasil rege-se, nas relações internacionais, por vários princípios, dentre eles o da prevalência dos direitos humanos, no dizer do art. 4º, II, da Constituição da República Federativa do Brasil, o qual está inteiramente em harmonia com os §§ 1º, 2º e 3º do art. 5º da CF, ou seja, o Brasil reconhece, adota e compromete-se a respeitar os Tratados e Convenções Internacionais sobre Direitos Humanos que, porventura, tenha sido parte.

As normas supralegais não só asseguram o direito ao recurso, mas que a autoridade competente decida sobre os direitos da pessoa que interpuser. A decisão há de ser justa e, para tanto, tem-se que considerar os argumentos e as provas das partes. Já não mais atende ao clamor constitucional decisões injustas, as quais ignoram o devido processo legal e a ampla defesa, porque acabam por beneficiar uma das partes: a que se beneficiou da injustiça amparada pela decisão esquiva.

O respeito à Constituição gera o dever, o compromisso e a responsabilidade de obediência e submissão às suas regras e princípios. Quando o magistrado não tem um espírito de submissão à Constituição age sempre arbitrariamente, causando ao sistema jurídico profunda insegurança e confusão, pois além de não pacificar o conflito, ainda contribui efetivamente para o descrédito do Poder Judiciário e provoca profunda desesperança no sistema de justiça do país. Não se consegue compreender e não se aceita tamanho descaso para com um direito humano de primeira grandeza, ou com um direito fundamental agasalhado no direito interno brasileiro, como cláusula pétrea.

Ora, tanto a primeira quanto a segunda normas acima transcritas falam em **recurso efetivo**, querendo dizer exatamente que o Estado não pode deixar de entregar a tutela jurisdicional invocada. Por isso, não se cumprem tais normas, proferindo decisões que se negam em analisar e decidir a matéria controvertida, como sói acontecer no âmbito dos Tribunais Superiores.

Não é aceita a justificativa de existência de muitas demandas e de poucos juízes e servidores para o não julgamento da causa, eis que o Estado trouxe para si o dever de bem administrar a Justiça, razão pela qual deve fazê-lo com eficiência e responsabilidade.

O jurisdicionado não se conforma com tamanho descaso com seu direito fundamental de recorrer e obter uma decisão definitiva, consideradas as suas razões e provas. O direito ao processo justo ou equitativo, como visto alhures, prelecionado por JJ Canotilho, corresponde a um direito subjetivo do cidadão de dimensões garantistas, porque o acesso aos tribunais corresponde não só o direito de ação, mas também o direito ao processo perante eles e o direito à decisão da causa, por eles. Logo, em perfeito compasso com o art. 10 da DUDH acima transcrito, quando refere-se a causa equitativa.

Infelizmente, a realidade brasileira é outra, porque, em regra, os Tribunais Superiores desviam o olhar do mérito da causa e negam-se a entregar a tutela recursal jurisdicional invocada, violando de forma direta e frontal o disposto no inciso XXXV c/c. inciso LV, ambos do art. 5º da Constituição Federal, eis que dificultam e obstam o acesso a eles, porque sequer há tutela recursal de fundo.

Sob essa perspectiva – livre acesso aos tribunais ou a ordem jurídica justa – podemos afirmar que a Constituição do Brasil, ao assegurar o contraditório e a ampla defesa, com os meios e RECURSOS a ela inerentes, **reconhece como direito fundamental de qualquer cidadão brasileiro o de ter sua causa examinada e julgada** de forma definitiva por um tribunal independente e imparcial.

Constitui, portanto, em um dever de o Estado brasileiro assegurar ao homem a ampla participação no processo judicial e efetivo direito de influenciar no convencimento do juiz, em restrita homenagem ao contraditório real e ao novíssimo princípio da cooperação estampado no art. 6º do CPC.

Quanto ao direito de acesso aos tribunais, este constitui uma ferramenta universal, consagrada na Declaração Universal dos Direitos do Homem, em seu art. 10[105]. É uma cláusula geral que abrange e alcança os povos civilizados. Da mesma forma, a Convenção Europeia dos Direitos do Homem, no seu art. 6º/1[106], reafirma tal prerrogativa humana de forma ainda mais alargada e efetiva ao exigir que a causa seja resolvida em um prazo razoável.

No caso, exigir que a parte faça o prequestionamento é até viável. Mas não o é exercer juízo subjetivista com único propósito de negar-se a analisar a tutela recursal, sendo isto o mesmo que negar ao jurisdicionado o livre exercício ao direito de ação.

Inviabilizar o completo acesso à via recursal à parte que cumpre seus requisitos é uma forma absurda de sufocar e matar o direito suscitado por ela. Esse óbice promove a inaceitável injustiça social sob a pecha de renúncia forçada à via recursal extraordinária, infelizmente patrocinada pelo próprio Estado-juiz, ao prestar uma tutela pela metade e deficiente aos olhos da Constituição, da lei infraconstitucional e do próprio jurisdicionado.

Portanto, é passada a hora de removermos todos os obstáculos para possibilitar o acesso à via recursal extraordinária, sem nenhuma surpresa. Do contrário, restará abalado o princípio da indeclinabilidade da jurisdição, consagrado na Constituição e a inutilidade dos Tribunais Superiores.

O jurisdicionado como todos os cidadãos brasileiros não têm um direito absoluto e sem limites a obter uma decisão procedente, porque seria

---

(105) Art. 10. Toda pessoa tem direito, em plena igualdade, a que a sua causa seja equitativa e publicamente julgada por um tribunal independente e imparcial que decida dos seus direitos e obrigações ou das razões de qualquer acusação em matéria penal que contra ela seja deduzida.

(106) Art. 6º/1 – Qualquer pessoa tem direito a que a sua causa seja examinada, equitativa e publicamente, num prazo razoável por um tribunal independente e imparcial, estabelecido em lei, o qual decidirá, quer sobre a determinação dos seus direitos e obrigações de caráter civil, quer sobre o fundamento de qualquer acusação em matéria penal dirigida contra ela. O julgamento deve ser público, mas o acesso à sala de audiências pode ser proibido à imprensa ou ao público durante a totalidade ou parte do processo, quando a bem da moralidade, da ordem pública ou da segurança nacional numa sociedade democrática, quando os interesses de menores ou a proteção da vida privada das partes no processo o exigirem, ou, na medida julgada estritamente necessária pelo tribunal, quando, em circunstâncias especiais, a publicação pudesse ser prejudicial para os interesses da justiça.

ilegítimo, antidemocrático e absurdo mas, tão somente, que as suas razões sejam consideradas, analisadas e qualitativamente valoradas. É exatamente isto de que falam as normas internacionais que o Brasil aderiu e jurou respeitá-las.

A máxima utilidade do processo judicial vem ganhando uma tonalidade global. A preocupação com o outro, aquele destinatário final da decisão judicial, passa a ser o centro das atenções, porque considerado por prioritário. Busca-se o bem-estar coletivo, restando claro e evidente que o Poder Judiciário tem por efetiva missão distribuir justiça a seu povo, a quem serve ou deve servir em espírito voluntário e solidário, ainda que por força de lei. Não há maior testemunho de humildade que a submissão da autoridade à Constituição e às leis do próprio país, pois, nas palavras de Platão, o homem justo é mais feliz por cumprir a lei.

1.15. PRESSUPOSTOS PROCESSUAIS

Art. 485. O juiz não resolverá o mérito quando:

IV – verificar a ausência de pressupostos de constituição e de desenvolvimento válido e regular do processo;

VI – verificar ausência de legitimidade ou de interesse processual.

O processo judicial poderá sofrer uma abrupta cisão no seu rito, hipótese em que o juiz não entregará a tutela jurisdicional de fundo ou de mérito. A interrupção pode ocorrer por algum vício técnico que, porventura, venha a ocorrer durante o seu desenvolvimento. Em regra, o processo não nasce com este desiderato, pois na normalidade das intenções é que haja efetiva entrega da prestação jurisdicional.

No entanto, a lei procedimental imputa às partes alguns ônus a serem pormenorizadamente avaliados e sondados na construção de uma petição inicial. Por isso, checa-se, preventivamente, se os pressupostos processuais estão presentes, tanto de constituição como de desenvolvimento válido e regular do processo.

Os estudiosos geralmente os classificam, para um melhor entendimento e apreensão. Os subjetivos, não raro, estão ligados aos sujeitos do processo, caracterizados por questões internas ligadas a eles. São vícios de fácil constatação, porque existem na lei processual vetores explícitos dirigidos ao juiz, às partes e aos procuradores, os quais são de obrigatória observação, podendo ensejar nulidade dos atos processuais por eles praticados, porque afetam a constituição do processo.

Estando os pressupostos processuais subjetivos afetos aos sujeitos do processo por questão interna afeta a eles, passam a integrar o rol dos pressupostos mais dois ligados diretamente às partes, é dizer: a legitimidade e o interesse processual, já que o novo CPC não repetiu o anterior quanto as condições da ação, não mais fazendo referência a elas, haja vista também não ter feito nenhuma referência à possibilidade jurídica do pedido. Por isso, doravante, a falta de legitimidade e de interesse serão analisados como pressupostos subjetivos. É evidente que, se a pretensão autoral não estiver agasalhada no ordenamento jurídico pátrio, no meu entender, sobressairá a sua improcedência, já que o novo Processo Civil optou por não reproduzir as conhecidas condições da ação.

Os pressupostos são de natureza subjetiva e objetiva:

1) Os subjetivos se relacionam com os sujeitos do processo: juiz, partes e procuradores. Dizem respeito à jurisdição, competência e impedimento (CPC, art. 144) e imparcialidade (CPC, art. 145) do juiz; capacidade civil das partes (CPC, arts. 70, 71 e 76); representação por advogado (Lei n. 8.906/1994); a legitimidade das partes; interesse processual.

2) Os objetivos estão ligados à ausência de fatos que impeçam a regular constituição do processo, tais como:

a) forma processual adequada à pretensão;

b) instrumento de mandato, consoante CLT, § 3º do art. 791 c/c. art. 105 do CPC de 2015;

c) inexistência de litispendência, coisa julgada, compromisso ou inépcia da inicial;

d) inexistência de qualquer nulidade prevista na legislação processual;

e) comunicar o autor da demanda o endereço correto da parte demandada quando se tratar de rito sumaríssimo.

Fica claro que os pressupostos objetivos estarão afetos a fatos exteriores que podem atingir o processo por descuido ou falta de zelo de uma das partes, mais ligada ao autor. Aquele que mencionamos na letra "e" é específico do processo do trabalho, cuja pena será o imediato arquivamento da demanda, por mandamento expresso do § 1º do art. 852-B da CLT.

É de plena sabença que no processo do trabalho não há o despacho saneador, e um dos seus princípios basilares é de se pronunciar a nulidade somente se houver evidente prejuízo à parte que alega. Por isso, se o ato, ainda que inquinado de algum vício, não trouxer prejuízos, por evidente, não será proclamado, em memória ao art. 794 da CLT. Por outro lado, o magistrado do trabalho somente vai enfrentar tais questões no momento de prolatar sua decisão de mérito, tendo a fase instrutória sido encerrada, razão pela qual deve agir com extrema cautela, aproveitando, ao máximo, todos os atos processuais, evitando pronunciar nulidades que não trariam nenhum benefício à parte que as alegou, em evidente prejuízo para o processo.

1.16. MODIFICAÇÃO DA COMPETÊNCIA: CONEXÃO E PREVENÇÃO

Art. 55. Reputam-se conexas 2 (duas) ou mais ações quando lhes for comum o pedido ou a causa de pedir.

§ 1º Os processos de ações conexas serão reunidos para decisão conjunta, *salvo se um deles já houver sido sentenciado.*

§ 3º Serão reunidos para julgamento conjunto os processos que possam gerar risco de prolação de decisões conflitantes ou contraditórias caso decididos separadamente, mesmo sem conexão entre eles.

Art. 59. O registro ou a distribuição da petição inicial torna prevento o juízo.

No processo do trabalho não há regra específica e nem genérica acerca da modificação da competência por conexão. Já quanto a prevenção, a Justiça do Trabalho sempre utilizou a orientação da distribuição, pois, consoante art. 788 da CLT, feita a distribuição da ação, esta será remetida ao juízo competente. Mas, ainda assim, não havia segurança jurídica a sustentar uma regra clara e objetiva. Essa insegurança vigorou por longos anos, até que, em 2001, a Lei n. 10.358, de 27 de dezembro de 2001, alterou o art. 253, II, do CPC de então. Doravante, realizada a distribuição, mesmo que em seguida houvesse a desistência da ação, porém, se o pedido fosse novamente reiterado em outra ação, o juízo a quem primeiro fora distribuída a demanda estaria prevento. Com isso, deu-se fim a prática casuística de rejeição a escolha do juízo prevento por artimanhas da parte autora.

Mas, o legislador, percebendo que não teria previsto todas as evasivas de prevenção, editou a Lei n. 11.280, de 2006, alterando novamente o inciso II do art. 253, restando induvidoso que, quando houvesse a extinção do processo sem resolução do mérito, aquele juízo seria prevento se reiterado o pedido em nova ação, ainda que em litisconsórcio com outros autores ou que sejam parcialmente alterados os réus da demanda. Por isso, a distribuição passou a ter um significado diferenciado, de maior valor e impacto.

Nas palavras de Nelson Nery Jr e Rosa Maria Andrade Nery[107], em seus comentários ao CPC de 1973, averbaram que:

> A distribuição existe para dividir o trabalho entre juízos da mesma competência, evitando a sobrecarga de um deles relativamente aos demais. Na verdade

---

(107) NERY, Nelson; NERY, Rosa Maria Andrade. *Código de Processo Civil Comentado*, p. 524.

é manifestação de divisão de competência de juízo e não de foro. Essa divisão deve ser o mais equânime possível, propiciando o mesmo número de feitos aos juízos da respectiva comarca ou justiça. Ocorre a divisão desde que haja mais de um juízo ou mais de um cartório.

Com a estipulação de regras claras, objetivas e certas, elas migraram para o processo do trabalho, ficando, doravante, vinculado o juízo a quem primeiro fora distribuída a ação, tal qual previsto no art. 788 da CLT, em sua simplicidade e imperfeição técnica. A Justiça do Trabalho passou, então, a adotar as diretrizes do art. 253, II, do CPC de 1973, porque era completamente compatível com seus princípios vetores. O novo CPC, em seu art. 59, adotou a regra da distribuição como fator vinculante e definidor da competência.

Todavia, a prevenção também é utilizada para modificação da competência, mormente em tempos de processo eletrônico. Destarte, reproduzida ação anterior, com o mesmo pedido ou causa de pedir, mesmo que distribuída para outra Vara, o próprio sistema do PJ-e já identifica a similitude e promove imediata conclusão ao juízo, o qual, analisando tais requisitos, decide por declinar de sua competência ou rejeita a prevenção. Porém, de olho na nova lei processual, o magistrado deve considerar mais dois elementos de suma importância: se o primeiro processo, que ensejou a prevenção, já houver sido sentenciado, não poderá declinar de sua competência para o juízo a quem primeiro foi distribuída a demanda, por inteligência da **Súmula n. 235 do STJ**[108]. Como a lei fala apenas em processo sentenciado, nada falando se com resolução do mérito ou sem, contudo, em face da literalidade do inciso II do art. 286 do CPC de 2015, induvidosamente, só pode ser decisão de mérito a afastar a prevenção.

Outro ponto que não pode passar despercebido pelo magistrado é o fato de, mesmo a distribuição não autorizando a prevenção, *ab initio*, mas se houver o risco de prolação de decisões conflitantes ou contraditórias em casos semelhantes ou afins, em homenagem a segurança jurídica, ambos os processos serão decididos conjuntamente, pelo juiz a quem primeiro foi distribuída a demanda, por isso, o segundo processo deve ser distribuído por dependência ao juiz prevento, a teor do inciso III do art. 286 do novo CPC.

1.17. ATA NOTARIAL

Art. 384. A existência e o modo de existir de algum fato podem ser atestados ou documentados, a requerimento do interessado, mediante ata lavrada por tabelião.

---

(108) Súmula n. 235 do STJ. Conexão. Reunião de processos. Impossibilidade se houve julgamento de um deles. CPC, art. 105. "A conexão não determina a reunião dos processos, se um deles já foi julgado."

Parágrafo único. Dados representados por imagem ou som gravados em arquivos eletrônicos poderão constar da ata notarial.

Não há na CLT nenhuma referência acerca desta modalidade de prova, sendo, destarte, omissa. Por outro lado, não vejo nenhuma incompatibilidade desta nova prova migrar para o processo do trabalho. A lei fala que a existência de fato e algum modo de existir podem ser atestados ou documentados mediante ata lavrada por tabelião. Será um documento público recheado de fatos importantes da vida cotidiana, cuja percepção será extraída e materializada de um fato importante para o Direito.

Trata-se de uma novidade, porém, sem esquecermos que esse tipo de prova é produzida, unilateralmente, sem qualquer contraditório prévio. Reproduzirá exatamente a experiência de uma pessoa interessada em criar um fato jurídico e, dele, tirar algum proveito. Se produzida pelo empregado, poderá relatar fatos importantes que ocorrem ou ocorreram no seu dia a dia, como o trabalho habitual em horas extras, o modo lateral de recebimento ou pagamento de comissões, o período em que trabalhou sem CTPS assinada, a ocorrência de um acidente de trabalho. Mas, também servirá para reconhecer a ocorrência de um justo motivo, mormente a improbidade ou abandono, além do recebimento de determinadas parcelas e valores, pagos pelo empregador, bem como servir até para renunciar direitos como a estabilidade, porém, encontrará óbice em matéria de ordem pública, as quais são insuscetíveis de renúncia pelo titular.

Por outro lado, também poderá ter grande relevância para o Direito do Trabalho se for produzida pelo empregador reconhecendo fatos importantes para a vida do empregado, como reconhecimento de um vínculo de emprego, de uma jornada excessiva, de um pagamento de comissões não escrituradas em contracheques etc. Ou seja: servirá para o bem e para o mal.

Os principais fatos jurídicos são as ações humanas, as quais reagem sobre as situações jurídicas, constituindo-as, modificando-as, transmitindo-as ou extinguindo-as, ou provocando ainda outras imprevisibilidades. *Por isso, afirmamos que a ação humana funciona como um fato jurídico na concretização da solução do problema jurídico.* Assim, o fato jurídico ao corresponder à previsão da norma, é integrado a ela, fazendo surgir as consequências jurídicas, porque o fato jurídico é construído a partir da norma. Contudo, um relâmpago, o nascimento de um pessoa, a sua morte, o próprio decurso do tempo, o envelhecimento, a doença não são ações relevantes para o Direitos, mas são considerados simples fatos humanos em que a vontade e a liberdade não desempenham papel relevante. Também pode ser considerados como simples fatos naturais ou acontecimentos da natureza.

Nas palavras do professor Pedro Pais de Vasconcelos[109], o fato jurídico é o acontecimento que provoca relevância jurídica:

> O fato jurídico é, pois, um pedaço de realidade que é dela recortado e autonomizado sob o critério de sua correspondência à previsão da norma. O fato jurídico é, assim, algo que é construído a partir da norma.

Fato será sempre o registro de acontecimentos importantes da vida ou da natureza. No tempo da ata notarial, estaremos, pois, no mundo dos fatos jurídicos, por isso, deve ser utilizada com bastante cautela e prudência. Uma vez registrada a declaração de vontade, ela entrará no mundo das provas, todavia, o magistrado atribuirá a ela o peso de uma prova unilateral, assemelhada a de mero informante ou de prova emprestada. Será um indício de prova, no entanto, se vier recheada de renúncia a direitos trabalhistas, o magistrado deverá atribuir-lhe maior ou menor valor, em face da sua unilateralidade, sopesando com os princípios de ordem pública.

A ata notarial terá grande impacto como prova pré-constituída, notadamente quando tiver que instruir pedido de tutela provisória em que o autor reivindique algum provimento de urgência. Essa nova modalidade de prova é bem-vinda ao processo do trabalho, contudo, deve ser exercida com moderação, prudência e sabedoria, muito embora o empregado, penso eu, não venha a fazer uso habitual dessa modalidade de prova em face dos custos elevados que terá com o tabelião.

Vale registrar, a ata notarial também poderá ser utilizada para circunscrever fatos representados por imagem ou som gravados e divulgados em redes sociais, mormente aqueles ofensivos ao direito de personalidade ou que venham causar algum dano patrimonial ou, ainda, relatar algum desvio de conduta relacionado com o trabalho ou profissão. Em tal circunstância, a prudência recomenda manter imagens e sons gravados em alguma mídia, caso o juízo assim determine a sua juntada aos autos.

1.18. INTIMAÇÃO DE TESTEMUNHA POR ADVOGADO

> Art. 455. Cabe ao advogado da parte informar ou intimar a testemunha por ele arrolada do dia, da hora e do local da audiência designada, dispensando-se a intimação do juízo.

---

(109) VASCONCELOS, Pedro Pais de. *Teoria Geral do Direito Civil*, 2012, p. 346.

§ 1º A intimação deverá ser realizada por carta com aviso de recebimento, cumprindo ao advogado juntar aos autos, com antecedência de pelo menos 3 (três) dias da data da audiência, cópia da correspondência de intimação e do comprovante de recebimento.

§ 2º A parte pode comprometer-se a levar a testemunha à audiência, independentemente da intimação de que trata o § 1º, presumindo-se, caso a testemunha não compareça, que a parte desistiu de sua inquirição.

§ 3º A inércia na realização da intimação a que se refere o § 1º importa desistência da inquirição da testemunha.

Essa prática, embora muito salutar, deverá amoldar-se às regras já existentes no processo do trabalho, pois não deverá ser utilizada de logo ou imediatamente, sob pena de ser considerada como incompatível com o processo do trabalho. Em primeiro lugar, porque a CLT dispõe de norma similar e específica tanto para as ações que tramitam no rito ordinário quanto aquelas que tramitam no rito sumaríssimo. Vejamos.

A norma da CLT destinada ao procedimento ordinário, materializada no art. 825[110], de forma expressa determina, de logo, que as testemunhas virão independentemente de intimação. Caso não compareçam, a legislação processual do trabalho já fez opção expressa pela intimação judicial. Por isso, penso eu, o CPC somente será chamado a partir do segundo momento, ou seja, quando a testemunha não comparecer na audiência inaugural ou na fase instrutória para aqueles órgãos que não usam a unicidade de audiências. Aqui, na audiência, caberá ao interessado arrolar o nome completo e o endereço da testemunha incauta para que haja a intimação judicial. Caso contrário, chama-se à incidência, o disposto no § 2º do art. 455 do CPC, pois a sua inércia será interpretada como desistência da produção da prova testemunhal.

Com certeza, essa nova prática causará tremores e muita discussão, notadamente com o famoso jargão de cerceamento ao direito de produzir prova. Mais uma vez evoca-se a prudência para atuar como elemento pacificador, visto que, encontrando-se já vigente o novo CPC, não constitui nenhuma novidade que o desconhecimento da lei não poderá servir

---

(110) Art. 825 - As testemunhas comparecerão a audiência independentemente de notificação ou intimação.
Parágrafo único - As que não comparecerem serão intimadas, *ex officio* ou a requerimento da parte, ficando sujeitas a condução coercitiva, além das penalidades do art. 730, caso, sem motivo justificado, não atendam à intimação.

de argumento para o seu descumprimento, aliás, constitui regra expressa grafada no art. 3º[111] da Lei de Introdução às Normas do Direito Brasileiro.

Já nas ações submetidas ao rito sumaríssimo perante a Justiça do Trabalho, a CLT em seu art. 852-H[112], disciplinou de forma bem mais detalhada a questão da intimação das testemunhas, decorrendo frontal incompatibilidade, neste particular, com a regra do novo CPC estabelecida pelo artigo supracitado. Aqui, as testemunhas devem comparecer à audiência que deverão depor independentemente de intimação. Entretanto, somente caberá intimação judicial da testemunha incauta se for comprovadamente convidada, caso contrário, importará em indeferimento liminar de eventual pedido de intimação judicial de testemunhal não convidada, por preclusão lógica, em face do desleixo no cumprimento de um dever processual imposto à parte interessada.

1.19. COISA JULGADA: QUESTÃO PREJUDICIAL

Art. 503. A decisão que julgar total ou parcialmente o mérito tem força de lei nos limites da questão principal expressamente decidida.

§ 1º O disposto no *caput* aplica-se à resolução de questão prejudicial, decidida expressa e incidentemente no processo, se:

I - dessa resolução depender o julgamento do mérito;

II - a seu respeito tiver havido contraditório prévio e efetivo, não se aplicando no caso de revelia;

III - o juízo tiver competência em razão da matéria e da pessoa para resolvê-la como questão principal.

§ 2º A hipótese do § 1º não se aplica se no processo houver restrições probatórias ou limitações à cognição que impeçam o aprofundamento da análise da questão prejudicial.

---

(111) Art. 3º Ninguém se escusa de cumprir a lei, alegando que não a conhece.

(112) Art. 852-H. Todas as provas serão produzidas na audiência de instrução e julgamento, ainda que não requeridas previamente. (Incluído pela Lei n. 9.957, de 2000)

§ 1º Sobre os documentos apresentados por uma das partes manifestar-se-á imediatamente a parte contrária, sem interrupção da audiência, salvo absoluta impossibilidade, a critério do juiz. (Incluído pela Lei n. 9.957, de 2000)

§ 2º As testemunhas, até o máximo de duas para cada parte, comparecerão à audiência de instrução e julgamento independentemente de intimação. (Incluído pela Lei n. 9.957, de 2000)

§ 3º Só será deferida intimação de testemunha que, comprovadamente convidada, deixar de comparecer. Não comparecendo a testemunha intimada, o juiz poderá determinar sua imediata condução coercitiva. (Incluído pela Lei n. 9.957, de 2000)

Dispositivo inovador e sem correspondência no CPC de 1973. Pelo CPC anterior, a regra esculpida no inciso III do art. 469, era no sentido de que a questão prejudicial, decidida incidentalmente no processo, não faria coisa julgada. Inversamente, o novo CPC estende os efeitos da coisa julgada à questão prejudicial nas hipóteses restritivas do § 1º do art. 503.

O processo do trabalho é completamente omisso, sendo essa inovação inteiramente compatível com suas regras e princípios. Infelizmente, não temos um catálogo de questões prejudiciais como temos das preliminares, provavelmente porque afeta ao cotidiano das pessoas. A doutrina começa a fazer a competente distinção entre uma figura e outra. Dizem que as questões preliminares são processuais e as questões prejudiciais são de direito material.

A primeira leitura que faço do § 1º, ora comentado, é que os requisitos ali especificados formam um conjunto inseparáveis ou indissociáveis. A lide principal deve reivindicar uma resolução de alguma questão de importante impacto no mérito da causa, porém, afeta ao mesmo juiz. Exatamente por alcançar os efeitos da coisa julgada material, deve submeter-se ao contraditório pleno e em profundidade. Para tanto, indispensável que o juízo seja competente para conhecer da questão prejudicial, sob pena de o processo carregar uma mácula insanável.

No processo do trabalho é comum vir aos autos documentos em que uma das partes alegam a sua falsidade quanto a assinatura, mormente referente à quitação de parcelas e valores, bem como, também ser comum o trabalhador assinar o TRCT devidamente preenchido e, na audiência, alegar não ter recebido aqueles valores, reivindicando-os por meio de reclamação trabalhista. Será mais uma matéria de defesa que o réu terá de argui-la. Não vejo espaço para dela o magistrado conhecer de ofício, salvo as questões relativas à prescrição e decadência. Com a possibilidade de se registrar fatos em ata notarial, a questão prejudicial poderá ganhar relevo e volume.

A matéria levantada e debatida como prejudicial, nos autos da ação principal, apta para alcançar os efeitos da coisa julgada, estará afeta e jungida à esfera competencial do juízo da ação principal. Não poderá, por exemplo, em reclamação trabalhista, o juiz do trabalho enveredar por questões penais para apurar a justa causa ou adentrar no Direito de Família para justificar a legitimidade de uma das partes e declarar eventual união de fato ou estável.

O direito material discutido e levantado na questão prejudicial há de coexistir harmoniosamente com a medida de competência de cada órgão judicial, o qual, não raro, será contraposto ao direito do autor. Todavia, mesmo que o juiz do trabalho seja competente para conhecer da questão prejudicial, no entanto, se ela demandar delongas probatórias, dificuldades ou complexidade tamanha a inviabilizar o julgamento da causa em um prazo razoável, deve o magistrado extinguir o procedimento e remeter as partes para as vias ordinárias, em homenagem ao princípio da celeridade e economia processual, porque a incompatibilidade pode advir pelo simples retardo da causa, haja vista competir ao juiz do trabalho velar pelo andamento rápido das causas, por inteligência do art. 765 da CLT.

O modelo anterior me parecia mais útil e vantajoso, porque, mesmo não fazendo coisa julgada, o juiz incompetente poderia resolver determinadas questões que impactavam na causa principal, com evidente vantagem para o sistema de justiça, porque proporcionava maior celeridade e utilidade processual.

2
DOS IMPACTOS NEGATIVOS DO NCPC NO PROCESSO DO TRABALHO

2.1. AS INCOMPATIBILIDADES DO NOVO CPC COM O PROCESSO DO TRABALHO

Com a sanção da Lei n. 13.105, de 16 de março de 2015 – Novo CPC – acendeu-se uma luz de alerta no meio trabalhista, principalmente porque determinadas alterações foram pensadas para o Processo do Trabalho, porém, a Justiça do Trabalho não foi ouvida para opinar, contribuir e dizer se tais alterações eram pertinentes e convenientes. Entraram em nossa casa e não pediram licença, fato tipicamente arbitrário e, no mínimo, deselegante.

O Processo do Trabalho foi revogado pelo novo Processo Civil? Começamos logo com esta interrogação para sabermos se o novo CPC aplicar-se-á integralmente, sem qualquer ressalva, à Justiça do Trabalho, ou vai persistir o sistema de incompatibilidades que vigora nessa seara.

Não fosse só esta objeção, levantamos uma outra: o processo do trabalho perdeu a sua autonomia com a vigência do novo CPC? Tentaremos deixar claro o sentimento de um magistrado trabalhista de uma forma não radicalizada, deixando averbado que o processo do trabalho possui princípios, regras e rotinas próprias, tonificadas por uma singeleza peculiar. Por isso, o novo CPC não será encarado como lei fundamental, essencial e imprescindível nessa seara. Ao contrário, será força auxiliar ao procedimento trabalhista.

Pela redação do art. 15[1] do NCPC, restou mais do que evidente que o processo do trabalho não foi anulado, revogado ou abrrogado, eis que nada mais é senão uma norma de civilidade, a qual, após breve intervenção dos trabalhistas, passou a pedir licença para adentrar à casa alheia, cabendo ao dono desta permitir o acesso ou não, segundo a sua conveniência ou interesse. Seria até dispensável em face dos termos do septuagenário do art. 769 da CLT.

Diante de tais evidências, torna-se inquestionável que o processo do trabalho continuará trilhando sua matriz, suas molas mestras, colunas, seus princípios e, acima de tudo, sua simplicidade, porque integralmente rígido e mantido na sua essência, eficiência, celeridade e na sua autonomia, haja vista a norma do art.15 do novo CPC falar em ausência de norma trabalhista para que o mesmo seja chamado, ou seja, quando houver omissão.

Por isso, caberá aos comandantes (juízes do trabalho) do navio – chamado Justiça do Trabalho – manterem-se no curso traçado há muitos anos, todos atuando apoiados no quarteto: simplicidade, celeridade, efetividade e compatibilidade.

Não podemos esquecer que na Justiça Comum o credor, na grande maioria das causas, é sempre alguém abastado e que dispõe de meios para suportar um litígio demorado, pois dentre eles estão os Bancos, Companhia Telefônicas, grandes Imobiliárias, grandes Financeiras, grandes redes de supermercados etc. Já na Justiça do Trabalho, a condição financeira do demandante é diametralmente oposta, por isso, tudo aquilo que alongar a demanda, deixá-la cara, dificultá-la ou inviabilizá-la, através de incidentes embaraçosos, será incompatível com o Processo Operário.

O processo, enquanto instrumento de pacificação e de materialização do direito reconhecido por um título, deve guardar íntima convivência com a celeridade, efetividade, singeleza de formas, omissão e compatibilidade. Em sendo assim, resssai que a primeira objeção deve ser respondida negativamente, ou seja, o novo CPC não revogou a CLT quanto ao processo do trabalho.

Portanto, segue íntegro, destarte, o sistema de complementaridade por omissão e por incompatibilidades, valendo ressaltar que, no processo de execução, por força do art. 889 da CLT, o primeiro sistema a ser consultado será a Lei de Executivos Fiscais, já que, a especialidade, em regra, afasta a generalidade.

---

(1) Art. 15. Na ausência de normas que regulem processos eleitorais, trabalhistas ou administrativos, as disposições deste Código lhes serão aplicadas supletiva e subsidiariamente.

Sendo o Processo Civil lei de caráter geral, deve respeitar as especificidades ou especialidades de outros ramos. É tão verdadeira esta premissa que o próprio art. 15 do NCPC faz ressalva expressa aos processos especiais que possuem regras próprias, tais como o trabalhista, o eleitoral e o administrativo.

Esta mesma ressalva foi novamente reafirmada no § 2º do art. 1.046[2] do NCPC, segundo o qual permanecem em vigor as disposições especiais dos procedimentos regulados em outras leis, aos quais se aplicará supletivamente as novas regras do NCPC, ou seja, estas aplicar-se-ão tanto no caso de lacuna (omissão) quanto no de haver necessidade de complementação de regras processuais, mas, sempre jungidas à efetividade, simplicidade, celeridade, omissão e compatibilidade. Esta é uma regra de ouro a chamar à colação o NCPC, a ser seguida com prudência.

Por isso, a segunda objeção deve ser respondida positivamente, isto é, a autonomia do processo do trabalho continuará ditando o procedimento sincrético em sua simplicidade, celeridade e efetividade, isto porque, suas regras atuarão como força dominante, enquanto que as do novo CPC como força auxiliar.

Resta, pois, evidente que o NCPC continuará sendo aplicado ao processo do trabalho naquilo em que houver omissão, e, se tal regra não for incompatível com o quinteto que o sustenta, como visto acima. Não fosse só isso, havendo norma expressa no Processo Operário, por se tratar de norma especial, esta afastará as do NCPC, ainda que sejam recomendáveis e até desejáveis, salvo se a regra celetista for incompleta e exigir complementação, ajustando-se harmonicamente como uma luva.

A propósito, acerca das diferenças entre subsidiariedade e complementariedade, colho da doutrina de Edilton Meireles[3]:

> E a resposta nos é dada pelo sub-relator da proposta legislativa que incluiu no projeto do novo CPC a expressão "supletiva". Para o Deputado Federal Efraim Filho, "aplicação subsidiária visa ao preenchimento de lacuna; aplicação supletiva, à complementação normativa".

---

(2) Art. 1.046. Ao entrar em vigor este Código, suas disposições se aplicarão desde logo aos processos pendentes, ficando revogada a Lei n. 5.869, de 11 de janeiro de 1973.
§ 2º Permanecem em vigor as disposições especiais dos procedimentos regulados em outras leis, aos quais se aplicará supletivamente este Código.
(3) MEIRELES, Edilton. *O novo CPC e sua aplicação supletiva e subsidiária no processo do trabalho*. 2015. p. 39.

Mais adiante, falando ainda sobre a lacuna ou omissão, MEIRELES[4] assevera " Daí se pode ter que regra supletiva processual é aquela que visa a complementar uma regra principal (a regra mais especial incompleta)". Contudo, avançando no seu estudo da supletividade, MEIRELES[5] registrou sua preocupação fazendo duas ressalvas. Vejamos:

> Contudo, duas ressalvas devem ser postas de modo a não incidir a regra supletiva mesmo quando diante de uma suposta omissão. Primeiro porque, da norma mais especial se pode extrair a impossibilidade de aplicação da regra supletiva dada a própria disciplina da matéria. Tal ocorre quando a legislação mais especial esgota a matéria, não deixando margem para aplicação supletiva.

Por fim, concluiu o ilustre escritor acima citado que a supletividade não pode substituir integralmente a norma a ser complementada, sob pena de haver plena e completa revogação, por interpretação hermenêutica do exegeta. Eis o dito por Meireles[6]:

> Assim, em suma, neste ponto, podemos concluir que a regra subsidiária visa preencher a lacuna integral (omissão absoluta) do corpo normativo. Já a regra supletiva tem por objeto dar complementação normativa ao que foi regulado de modo incompleto (omissão parcial). Ali falta a regra, aqui a regra é incompleta. Ali, supre-se a ausência da regra; aqui, complementar-se a regra que não esgota a matéria.

Citamos, então, algumas incompatibilidades do NCPC, em um olhar ligeiro e ainda inquieto: o foro de eleição, previsto no art. 63[7], o adiantamento das despesas processuais, principalmente os honorários periciais,

---

(4) Idem. Op. cit., p. 40.

(5) Idem. Op. cit., p. 41-42.

(6) Idem. Op. cit., p. 43-44.

(7) Art. 63. As partes podem modificar a competência em razão do valor e do território, elegendo foro onde será proposta ação oriunda de direitos e obrigações.

§ 1º A eleição de foro só produz efeito quando constar de instrumento escrito e aludir expressamente a determinado negócio jurídico.

§ 2º O foro contratual obriga os herdeiros e sucessores das partes.

§ 3º Antes da citação, a cláusula de eleição de foro, se abusiva, pode ser reputada ineficaz de ofício pelo juiz, que determinará a remessa dos autos ao juízo do foro de domicílio do réu.

§ 4º Citado, incumbe ao réu alegar a abusividade da cláusula de eleição de foro na contestação, sob pena de preclusão.

previstas no art. § 1º do art. 82⁽⁸⁾ c/c. art. 84, os honorários advocatícios, notadamente daqueles previstos no § 1º do art. 85⁽⁹⁾, o incidente de desconsideração da personalidade jurídica, na forma prevista no art. 134⁽¹⁰⁾, os centros de solução consensual de conflitos, previstos no art. 165⁽¹¹⁾, a contagem dos prazos apenas em dias úteis, constante no art. 219⁽¹²⁾, o aditamento da petição inicial após o oferecimento da defesa em caso de ilegitimidade *ad causam* do réu ou de o mesmo não ser o responsável pelo prejuízo invocado, consoante art. 338⁽¹³⁾, o julgamento parcial do mérito, como preleciona o art. 356⁽¹⁴⁾, a inquirição de testemunhas diretamente pela parte, ante a

---

(8) Art. 82. § 1º Incumbe ao autor adiantar as despesas relativas a ato cuja realização o juiz determinar de ofício ou a requerimento do Ministério Público, quando sua intervenção ocorrer como fiscal da ordem jurídica.

Art. 84. As despesas abrangem as custas dos atos do processo, a indenização de viagem, a remuneração do assistente técnico e a diária de testemunha.

(9) Art. 85. A sentença condenará o vencido a pagar honorários ao advogado do vencedor.

§ 1º São devidos honorários advocatícios na reconvenção, no cumprimento de sentença, provisório ou definitivo, na execução, resistida ou não, e nos recursos interpostos, cumulativamente.

(10) Art. 134. O incidente de desconsideração é cabível em todas as fases do processo de conhecimento, no cumprimento de sentença e na execução fundada em título executivo extrajudicial.

§ 1º A instauração do incidente será imediatamente comunicada ao distribuidor para as anotações devidas.

§ 2º Dispensa-se a instauração do incidente se a desconsideração da personalidade jurídica for requerida na petição inicial, hipótese em que será citado o sócio ou a pessoa jurídica.

§ 3º A instauração do incidente suspenderá o processo, salvo na hipótese do § 2º.

§ 4º O requerimento deve demonstrar o preenchimento dos pressupostos legais específicos para desconsideração da personalidade jurídica.

Art. 135. Instaurado o incidente, o sócio ou a pessoa jurídica será citado para manifestar-se e requerer as provas cabíveis no prazo de 15 (quinze) dias.

Art. 136. Concluída a instrução, se necessária, o incidente será resolvido por decisão interlocutória.

(11) Art. 165. Os tribunais criarão centros judiciários de solução consensual de conflitos, responsáveis pela realização de sessões e audiências de conciliação e mediação e pelo desenvolvimento de programas destinados a auxiliar, orientar e estimular a autocomposição.

(12) Art. 219. Na contagem de prazo em dias, estabelecido por lei ou pelo juiz, computar-se-ão somente os dias úteis.

(13) Art. 338. Alegando o réu, na contestação, ser parte ilegítima ou não ser o responsável pelo prejuízo invocado, o juiz facultará ao autor, em 15 (quinze) dias, a alteração da petição inicial para substituição do réu.

(14) Art. 356. O juiz decidirá parcialmente o mérito quando um ou mais dos pedidos formulados ou parcela deles: I – mostrar-se incontroverso; II – estiver em condições de imediato julgamento, nos termos do art. 355.

literalidade do art. 459[15], o tópico da sentença de que fala o art. 489, principalmente o seu § 1º, IV e V[16], além do art. 491[17].

Feito o registro dos pontos polêmicos ou em colisão, especificarei em apertada síntese, as razões pelas quais penso ser inaplicável a norma civilista:

2.2. FORO DE ELEIÇÃO

O foro de eleição previsto no art. 63 do NCPC é completamente incompatível com o princípio da finalidade social, pois os órgãos da Justiça do Trabalho, nos limites da sua competência específica, atuarão tendo em vista o interesse do menos favorecido.

No processo do trabalho o polo ativo é, via de regra, ocupado por um trabalhador desempregado, ou seja, é quase sempre a parte hipossuficiente ou, em linguagem mais realista, o pobre, o necessitado, o desvalido economicamente.

Foi movido por essa situação – desprovimento econômico – que o legislador de 1943, ao editar a CLT, propiciou ao trabalhador um equilíbrio jurídico ante o desequilíbrio econômico, por isso elegeu alguns princípios protetores, promovendo um aparente desequilíbrio na relação processual, privilegiando a parte pobre, em alguns atos processuais, como por exemplo, na sua ausência à primeira audiência, fato que gerará apenas o arquivamento, enquanto para o empregador, sua ausência implicará a revelia e confissão.

Admitir-se a possibilidade dessa regra – foro de eleição – migrar para o processo trabalhista seria vertiginoso golpe proferido na classe econômica,

---

(15) Art. 459. As perguntas serão formuladas pelas partes diretamente à testemunha, começando pela que a arrolou, não admitindo o juiz aquelas que puderem induzir a resposta, não tiverem relação com as questões de fato objeto da atividade probatória ou importarem repetição de outra já respondida.

(16) § 1º Não se considera fundamentada qualquer decisão judicial, seja ela interlocutória, sentença ou acórdão, que: IV – não enfrentar todos os argumentos deduzidos no processo capazes de, em tese, infirmar a conclusão adotada pelo julgador; V – se limitar a invocar precedente ou enunciado de súmula, sem identificar seus fundamentos determinantes nem demonstrar que o caso sob julgamento se ajusta àqueles fundamentos;

(17) Art. 491. Na ação relativa à obrigação de pagar quantia, ainda que formulado pedido genérico, a decisão definirá desde logo a extensão da obrigação, o índice de correção monetária, a taxa de juros, o termo inicial de ambos e a periodicidade da capitalização dos juros, se for o caso, salvo quando:

I – não for possível determinar, de modo definitivo, o montante devido;

II – a apuração do valor devido depender da produção de prova de realização demorada ou excessivamente dispendiosa, assim reconhecida na sentença.

porque a força do capital, com certeza, iria inviabilizar o livre acesso do trabalhador aos tribunais trabalhistas. Indiscutivelmente, é uma norma incompatível e indesejável nessa seara.

2.3. ADIANTAMENTO DE HONORÁRIOS PERICIAIS

O adiantamento das despesas processuais, principalmente dos honorários periciais, previstas no art. § 1º do art. 82[18] c/c. art. 84 do NCPC constitui um golpe na celeridade e livre acesso ao Poder Judiciário trabalhista. Movendo-me, destarte, na firme convicção de incompatibilidade, encontro no art. 769 da CLT[19] a fonte que deve inspirar o intérprete para afastar por completo a aplicabilidade do art. 82, § 1º do NCPC ao processo do trabalho, porquanto inteiramente incompatível com suas normas e princípios, isto porque, *a parte final do art. 769 da CLT excepciona a aplicabilidade do processo comum, sempre que houver incompatibilidade*. Eis aqui o fundamento jurídico de que dispõe o juiz do trabalho, porquanto revela-se força dominante entre os sistemas processuais contextualizados.

Ora, se ao distribuir uma ação trabalhista o próprio Estado não exige o recolhimento prévio de custas, por que se exigiria do trabalhador no adiantamento dos honorários periciais? É um contrassenso.

No processo do trabalho já existe a presunção da hipossuficiência do trabalhador, isto é sintomático. É *ab initio*. O livre acesso não quer dizer apenas abrir as portas do Judiciário trabalhista para receber uma ação; é necessário que não haja entraves probatórios a inviabilizar a efetiva entrega da prestação jurisdicional. Exigir do trabalhador tal ônus – adiantamento de honorários periciais – é o mesmo que negar-lhes livre exercício do direito de ação. É forçá-lo a desistir do seu intento ou renunciar a seu direito constitucional, inalienável e indisponível.

Constitui, pois, significativa barreira de acesso aos tribunais trabalhistas o entendimento substanciado na Orientação Jurisprudencial n. 98 da SBDI-2

---

(18) Art. 82. § 1º Incumbe ao autor adiantar as despesas relativas a ato cuja realização o juiz determinar de ofício ou a requerimento do Ministério Público, quando sua intervenção ocorrer como fiscal da ordem jurídica.

Art. 84. As despesas abrangem as custas dos atos do processo, a indenização de viagem, a remuneração do assistente técnico e a diária de testemunha.

(19) Art. 769. Nos casos omissos, o direito processual comum será fonte subsidiária do direito processual do trabalho, exceto naquilo em que for incompatível com as normas deste Título.

do TST[20], a qual ignora o princípio protetor do processo do trabalho e, por subsidiariedade, o inciso VII[21] do art. 6º do CDC, o qual assegura livre acesso aos órgãos judiciários e assegura a **proteção técnica aos necessitados**. Portanto, nada mais recomendável, razoável, legal e adequado do que se impor ao economicamente mais forte a responsabilidade pelo adiantamento dos honorários periciais. É o preço inicial para quem deu causa à demanda.

Existe aqui um interesse público a nortear o Estado-juiz em prestar a tutela jurisdicional em um tempo razoável, princípio constitucional que ostenta a pecha de direito fundamental e se impõe ao processo judicial moderno, por força do inciso LXXVIII[22] do art. 5º da CF.

Em última análise, se afastada a incidência do CDC, poder-se-ia optar pela aplicação subsidiária do disposto no art. 95 do NCPC[23], isto porque seria menos gravoso ao trabalhador, pelo fato de admitir-se que os honorários periciais sejam rateados quando a perícia for determinada de ofício ou requerida por ambas as partes. Isto, por si só, já seria um rompimento com a velha e tradicional jurisprudência esgrimada pelo TST que inadmite o adiantamento dos honorários periciais pela parte reclamada.

2.4. HONORÁRIOS DE ADVOGADO

Os honorários advocatícios, principalmente aqueles previstos no § 1º do art. 85[24] do NCPC, não serão aplicados na JT, porque constitui tradição do processo trabalhista não reconhecer como devidos os honorários de advogado:

---

(20) 98. MANDADO DE SEGURANÇA. CABÍVEL PARA ATACAR EXIGÊNCIA DE DEPÓSITO PRÉVIO DE HONORÁRIOS PERICIAIS. Nova redação – DJ 22.08.2005. É ilegal a exigência de depósito prévio para custeio dos honorários periciais, dada a incompatibilidade com o processo do trabalho, sendo cabível o mandado de segurança visando à realização da perícia, independentemente do depósito. (Inserida em 27.08.2002).

(21) VII – o acesso aos órgãos judiciários e administrativos com vistas à prevenção ou reparação de danos patrimoniais e morais, individuais, coletivos ou difusos, assegurada a proteção Jurídica, administrativa e técnica aos necessitados.

(22) LXXVIII – a todos, no âmbito judicial e administrativo, são assegurados a razoável duração do processo e os meios que garantam a celeridade de sua tramitação. (Incluído pela Emenda Constitucional n. 45, de 2004).

(23) Art. 95. Cada parte adiantará a remuneração do assistente técnico que houver indicado, sendo a do perito adiantada pela parte que houver requerido a perícia ou rateada quando a perícia for determinada de ofício ou requerida por ambas as partes.
§ 1º O juiz poderá determinar que a parte responsável pelo pagamento dos honorários do perito deposite em juízo o valor correspondente.

(24) Art. 85. A sentença condenará o vencido a pagar honorários ao advogado do vencedor.
§ 1º São devidos honorários advocatícios na reconvenção, no cumprimento de sentença, provisório ou definitivo, na execução, resistida ou não, e nos recursos interpostos, cumulativamente.

A uma – em face da literalidade das Súmulas ns. 219 e 329, ambas do TST; A duas – porque os honorários realmente devidos os são decorrentes do art. 14 da Lei n. 5.584/1970; A três – porque, em última análise, vindo o trabalhador a ser vencido teria que arcar com um ônus que sabidamente não tem condições financeiras, principalmente agora que, pela nova regra, serão cumulativos, devidos na sentença, na reconvenção, no cumprimento da sentença, nos embargos à execução e nos recursos. Criar-se-ia um viés estarrecedor: os honorários poderão representar, ao fim do processo, no mínimo o dobro do crédito principal, criando verdadeiramente um grande embaraço para a execução.

2.5. INCIDENTE DE DESCONSIDERAÇÃO

O incidente de desconsideração da personalidade jurídica, principalmente na forma prevista no art. 134 do NCPC, é totalmente incompatível com a celeridade e a simplicidade que norteia o Processo do Trabalho.

Ora, a incompatibilidade é frontal, pois, suspender a audiência em razão do incidente, traria enorme prejuízo para o trabalhador, hipossuficiente, no mínimo. A nova audiência aguardaria aproximadamente um ano para ocorrer em razão do processamento do incidente e do grande volume de demandas. Não fosse só isso, o incidente será resolvido por decisão interlocutória, a qual no processo do trabalho é irrecorrível, no entanto, com certeza, os tribunais admitirão o Mandado de Segurança, retardando, ainda mais, a decisão de mérito, criando verdadeiro embaraço à duração razoável do processo. A tônica da simplicidade, que hoje grassa na JT, é bem mais ágil e não fere o devido processo legal do réu, geralmente chamado subsidiariamente.

Todavia, não sendo o incidente regulado pelo processo do trabalho, em regra, seria admitido por este, no entanto, _a regra de outro da parte final do art. 769 da CLT_, não poderá ser esquecida e nem inobservada. Há de haver compatibilidade com as regras, normas e princípios do processo do trabalho. Eis aqui, de forma simples e objetiva, o fundamento jurídico. O art. 769 da CLT está em plena vigência e constitui norma especial a afastar a norma geral.

Vale lembrar e ressaltar que o juízo de valor sobre o que é compatível ou não constitui um direito subjetivo do magistrado aferir, sendo verdadeira prerrogativa do magistrado exercitar seu convencimento quanto à pertinência ou não da tese jurídica. Este direito subjetivo é inerente a todo magistrado no exercício da jurisdição, o qual se subsume nos princípios da independência e imparcialidade. Dois pilares do Estado de Direito que não admitem agressões internas ou externas, sem que haja a ruptura do Estado constitucional.

Ainda que a intenção do TST tenha sido de orientar a magistratura trabalhista quando editou a IN n. 39, a qual aconselha e induz ser compatível com o processo do trabalho o incidente de desconsideração, segundo art. 6º da IN supra, a mim me pareceu inadequada e extremamente apressada tal conclusão, pois, sequer esperou que o dia a dia assimilasse a novidade, e, em última analise, retirou do juiz de 1º grau, a possibilidade de exercitar o seu juízo de valor, restando violado os princípios acima aventados. Esqueceu a excelsa corte trabalhista que o novo direito, não raro, precisa de um tempo para ser assimilado, principalmente quando nele se enxergam inúmeras desvantagens.

No entanto, se se retirar dos magistrados de 1º e 2º graus o direito de exercitarem as suas independências e imparcialidades, obrigando-os a curvarem ao arbítrio da IN 39, já não mais precisaremos de intérpretes, bastará um feitor ditando os ritos processuais, auxiliado por um servidor carimbando o que pode e o que não se pode fazer. O princípio do convencimento motivado esvai-se completamente.

A incompatibilidade é hercúlea, haja vista, trilhando a Justiça do Trabalho esse caminho ou orientação, inexoravelmente, se imporá ao trabalhador o pesado ônus probatória quanto ao adimplemento dos pressupostos legais para se afastar a personalidade jurídica da empresa e reverter a demanda contra os sócios, como exige o § 1º[25] do art. 133 do NCPC, por constituir verdadeiro fato constitutivo. Mas, quais pressupostos iríamos adotar ou exigir do obreiro? O do Código Civil, do CDC ou de leis esparsas[26]? Como o empregado comprovaria má administração, o abuso de direito ou administrativo, desvio de finalidade etc? É uma prova impossível, a qual não estará ao alcance do obreiro.

Mas, para não deixar o leitor sem uma solução, seria de grande valia que a parte autora, já na sua petição inicial, além de demandar a pessoa jurídica, também o fizesse em relação aos sócios, requerendo a desconsideração de logo, a fim de chamar à incidência o disposto no § 2º[27] do art. 134 do novo CPC, hipótese em que o incidente não será instaurado, porque desnecessário.

Aqui caberá, unicamente, discorrer ou discutir acerca da existência ou não da responsabilidade solidária ou subsidiária do sócio, haja vista que a obrigação principal dos créditos trabalhistas será do verdadeiro empregador para com seus empregados, a princípio, restando definir, apenas, a extensão

---

(25) § 1º O pedido de desconsideração da personalidade jurídica observará os pressupostos previstos em lei.

(26) Art. 4º da Lei n. 9.605/1998; art. 18, § 3º da Lei n. 9.847/1999; art. 34 da Lei n. 12.529/2011; arts. 117, 158, 245 e 246 da Lei n. 6.404/1976.

(27) § 2º Dispensa-se a instauração do incidente se a desconsideração da personalidade jurídica for requerida na petição inicial, hipótese em que será citado o sócio ou a pessoa jurídica.

da obrigação que se compartilhará, notadamente *se os serviços do empregado ocorreu durante o tempo em que o sócio ou sócios estiveram na sociedade.*

Se ocorrer o inadimplemento de direitos trabalhistas, sem que o sócio defendente aponte bens da sociedade para responder pelos créditos, não vejo como isentá-lo da responsabilidade subsidiária ou solidária, a teor dos §§ 2º e 3º[28] do art. 28 do CDC, eis que a liberdade de contratar será exercida em razão e nos limites da função social do contrato, como dispõe o art. 421[29] do CC, em face do inadimplemento das obrigações contratuais trabalhistas do tomador dos serviços do trabalhador, devedor primário ou originário.

O princípio da liberdade de contratar, desde a metade do século passado, vem sofrendo atenuações, o que se salientou no direito brasileiro com o CDC e agora com o novo Código Civil brasileiro de 2002. Com predominância para a destinação social da sociedade ou do empreendimento, razão pela qual nem sempre vai prevalecer as estipulações contratuais ou as conhecidas cláusulas abusivas que excluem o sócio de qualquer responsabilidade porque lesam valores superiores, como o da habitação ou moradia, o que trata da vida, da saúde, da formação, do respeito e da dignidade humana da pessoa do trabalhador, do direito de o empregado de receber indenização trabalhista decorrente demissão imotivada ou sem justa causa. Também não poderá a sociedade ocultar seus bens ou transferi-los para o patrimônio individual dos sócios por simulação ou fraude.

A função social do contrato inclina-se nitidamente à proteção do interesse público sobre o privado, impondo o proveito coletivo em detrimento do meramente individual, em nome e em homenagem à justiça interna do contrato ou da justiça distributiva. A sociedade não poderá fugir da sua função social que não é traduzida, exclusivamente, a de buscar lucros, deve voltar-se ao cumprimento de suas obrigações sociais e contratuais. Nelas incluídas, evidentemente, a trabalhista. Segundo Montesquieu em seu clássico "Espírito das Leis" a liberdade é o direito de fazer o que as leis permitem.

Para tanto, o melhor entendimento para se admitir a desconsideração desde a exordical é a parte invocar o art. 28[30] do CDC. A parte final desse

---

(28) § 2º As sociedades integrantes dos grupos societários e as sociedades controladas, são subsidiariamente responsáveis pelas obrigações decorrentes deste código.
§ 3º As sociedades consorciadas são solidariamente responsáveis pelas obrigações decorrentes deste código.
(29) Art. 421. A liberdade de contratar será exercida em razão e nos limites da função social do contrato.
(30) Art. 28. O juiz poderá desconsiderar a personalidade jurídica da sociedade quando, em detrimento do consumidor, houver abuso de direito, excesso de poder, infração da lei, fato

dispositivo admite a desconsideração quando houver estado de falência, insolvência ou inatividade. Para o Direito do Trabalho, penso eu, basta que a pessoa jurídica não cumpra com suas obrigações trabalhistas, deixando de quitar parcelas já vencidas e não pagas ao trabalhador como salários, férias, 13º salários, FGTS, horas extras ou as verbas rescisórias em suas épocas próprias, para ensejar a insolvência trabalhista, autorizando a desconsideração.

Da mesma forma, na execução o incidente também é inservível, pois aqui, via de regra, se abre oportunidade para os sócios se defenderem, quer seja por meio de embargos à execução, quer seja por mera manifestação, já que a Justiça do Trabalho segue a recomendação CGJT n. 01 de 2001, segundo a qual sugere utilizar-se uma ordem sequencial na execução, inclusive quanto à desconsideração da personalidade jurídica, com expressa advertência de citação dos sócios, após, evidentemente, o completo exaurimento dos atos executórios contra a pessoa jurídica demandada.

O procedimento flui sem atropelos e sem surpresas, com resguardo ao devido processo legal, seguindo-se a singeleza do processo operário. Ademais, na 16ª Região, os Juízes do Trabalho optaram, à unanimidade, por afastar o incidente previsto no art. 134 do NCPC, ao editarem enunciado,[31] quando reunidos em jornada jurídica.

2.6. CENTRO DE SOLUÇÃO CONSENSUAL DE CONFLITOS

Os Centros de Solução Consensual de Conflitos, previstos no art. 165 do NCPC são inaplicáveis ao processo trabalhista. Tais Centros são incompatíveis com Processo do trabalho, tendo em vista que este possui norma específica quanto à conciliação, haja vista o processo judicial se orientar preferencialmente pela conciliação, a qual possui oportunidades bem definidas na CLT para tanto. É o caso do art. 764, *verbis*:

> Art. 764. Os dissídios individuais ou coletivos submetidos à apreciação da Justiça do Trabalho **serão sempre sujeitos à conciliação**.
>
> § 1º Para os efeitos deste artigo, os juízes e Tribunais do Trabalho empregarão sempre os seus bons ofícios e persuasão no sentido de uma **solução conciliatória dos conflitos**.

---

ou ato ilícito ou violação dos estatutos ou contrato social. *A desconsideração também será efetivada quando houver falência, estado de insolvência, encerramento ou inatividade da pessoa jurídica provocados por má administração.*

(31) Enunciado n. 12. É INAPLICÁVEL AO PROCESSO DO TRABALHO O INCIDENTE DE DESCONSIDERAÇÃO. Não é oponível ao Processo do Trabalho o disposto no art. 134 do NCPC, eis que incompatível com a celeridade e simplicidade daquele.

§ 2º Não havendo acordo, o juízo conciliatório **converter-se-á obrigatoriamente em arbitral**, proferindo decisão na forma prescrita neste Título.

§ 3º É lícito às partes celebrar acordo que ponha termo ao processo, ainda mesmo depois de encerrado o juízo conciliatório.

Ademais, segundo norma do art. 846 da CLT, a conciliação começa na audiência, antes do recebimento da defesa, devendo ser renovada após o encerramento da instrução. Vejamos o que diz a lei:

Art. 846. Aberta a audiência, o juiz ou presidente proporá a conciliação.

Art. 850. Terminada a instrução, poderão as partes aduzir razões finais, em prazo não excedente de 10 (dez) minutos para cada uma. Em seguida, **o juiz ou presidente renovará a proposta de conciliação**, e não se realizando esta, será proferida a decisão.

Assim, não vejo espaço para a criação, na Justiça Obreira, dos órgãos de solução consensual de conflitos, como mecanismos obrigatórios e determinantes para envidar a conciliação. Não podemos esquecer que todos os anos ainda temos duas campanhas nacionais de conciliação na JT, uma do CNJ e outra do CSJT.

A Justiça do Trabalho não precisa de outros órgãos para induzir à conciliação, visto que vive e respira no seu dia a dia a possibilidade de conciliação ou acordo a qualquer tempo, aliás, esta é sua tônica, finalidade e vocação, consoante a leitura do art. 764 da CLT, alhures transcrito.

2.7. CONTAGEM DE PRAZO EM DIAS ÚTEIS

A contagem dos prazos apenas em dias úteis, constante no art. 219 do NCPC, é completamente inaplicável na JT. Temos certeza de que o NCPC não revogou as normas processuais da CLT, as quais contêm norma procedimental própria e adequada para a contagem dos prazos, e, por ser esta norma especial, deve prevalecer. É o que colho do art. 775 da CLT, no qual os prazos são **contínuos e irreleváveis**, *verbis*:

Art. 775. Os prazos estabelecidos neste Título contam-se com exclusão do dia do começo e inclusão do dia do vencimento, e são contínuos e irreleváveis, podendo, entretanto, ser prorrogados pelo tempo estritamente necessário pelo juiz ou tribunal, ou em virtude de força maior, devidamente comprovada.

Parágrafo único. Os prazos que se vencerem em sábado, domingo ou dia feriado, terminarão no primeiro dia útil seguinte.

Disto, ressai a certeza de que o processo trabalhista continuará com sua autonomia frente às regras do Processo Civil, porque, aqui, o direito social tem mais efervescência e urgência na sua tramitação e concretude, não agasalhando privilégio estranho às suas vísceras.

Este ponto também não passou despercebido dos juízes do trabalho da 16ª Região, ao proclamarem inaplicáveis no PT a contagem de prazo em dias úteis, em face da flagrante incompatibilidade, por isso, também editaram enunciado[32] acerca do tema, a fim de orientarem, doravante, os aplicadores do Direito Operário.

2.8. ADITAMENTO DA PETIÇÃO INICIAL

O aditamento da petição inicial após o oferecimento da defesa em caso de ilegitimidade do réu ou de o mesmo não ser o responsável pelo prejuízo invocado, consoante art. 338 do NCPC, prolongará em demasia a demanda trabalhista e cria severo embaraço no procedimento.

Aqui, no processo trabalhista, uma vez oferecida a defesa não há mais espaço para se emendar a exordial, visto que, segundo normas do art. 848 da CLT, a instrução será incontinente e inexorável, cuja regra impulsiona o processo trabalhista de forma sempre exauriente, *in verbis*:

> Art. 848. Terminada a defesa, **seguir-se-á a instrução do processo**, podendo o presidente, *ex officio* ou a requerimento de qualquer juiz temporário, interrogar os litigantes. (Redação dada pela Lei n. 9.022, de 05.04.1995)
>
> § 1º Findo o interrogatório, poderá qualquer dos litigantes retirar-se, prosseguindo a instrução com o seu representante.
>
> § 2º Serão, a seguir, ouvidas as testemunhas, os peritos e os técnicos, se houver.

Permitir o aditamento da exordial neste ínterim, pressuporá uma decisão terminativa ou definitiva, para, então, retomar a marcha processual interrompida, fato que trará ao próprio autor grave prejuízo temporal, pois, a nova fase iniciará com atraso de pelo menos um ano, prazo da nova audiência, em uma ótica otimista.

Não fosse só isso, cumpre ao autor da demanda ter o cuidado e o zelo de bem individualizar o réu, arcando com o contratempo de uma decisão terminativa (em caso de ilegitimidade) ou de uma decisão desfavorável no mérito da causa.

---

(32) Enunciado 14. PRAZO. CONTAGEM EM DIAS ÚTEIS. Não é aplicável ao Processo do Trabalho o art. 219 do NCPC, porquanto a CLT dispõe de norma própria (art. 775 da CLT).

A norma do art. 338 do NCPC não respeita o devido processo legal e nem o contraditório, pois cria uma insegurança jurídica sem precedente, além de provocar instabilidade sistêmica no processo judicial, ficando, doravante, ao exclusivo talante do autor a conveniência e oportunidade de continuar litigando com determinado réu, visto que, se no desenvolver do processo, este apontar para a exclusão da parte ré ou para uma lide temerária, desaguando na improcedência de determinado pedido ou de todos eles, poderá, de última hora, dar marcha ré e aditar a sua inicial, invertendo-se a lógica, a razoabilidade e o bom-senso. Fato e circunstância em colisão com o art. 848 da CLT, segundo o qual a instrução é ato contínuo e imediatamente seguido pelo recebimento da defesa, não havendo espaço para nenhuma imagem distorcida ou miragem.

Aqui, torna-se oportuno ressalvar a hipótese de aditamento prevista no art. 329, I do CPC de 2015[33] como plenamente compatível com o processo do trabalho. Não só porque tal circunstância já é observada há muito pelo processo do trabalho, pois constitui prática trabalhista remansosa ao admitir o aditamento da petição inicial antes do recebimento da defesa. Esta regra do CPC de 2015 somente tornou a prática trabalhista bem mais evidente, já que optou em normalizá-la, sendo plenamente bem-vinda e festejada pelo processo do trabalho.

De outra banda, o inciso II do art. 329 é totalmente incompatível com o processo operário, notadamente porque neste não existe o conhecido e propalado despacho saneador. O juiz do trabalho somente tem contato com o processo na primeira audiência, oportunidade em que a defesa é oferecida e recebida pelo magistrado, seguindo o procedimento próprio e peculiar regulado pela CLT, não havendo nenhum espaço para qualquer aditamento ou alteração do pedido e a causa de pedir, porque, uma vez recebida a defesa, o procedimento será continuo e progressivo, passando-se à fase instrutória, consoante art. 847, art. 848 e art. 849, todos da CLT.

2.9. JULGAMENTO PARCIAL DO MÉRITO

O julgamento parcial do mérito, de que fala o art. 356 do NCPC, é completamente incompatível com o processo do trabalho por criar uma

---

(33) Art. 329. O autor poderá:

I - até a citação, aditar ou alterar o pedido ou a causa de pedir, independentemente de consentimento do réu;

II - até o saneamento do processo, aditar ou alterar o pedido e a causa de pedir, com consentimento do réu, assegurado o contraditório mediante a possibilidade de manifestação deste no prazo mínimo de 15 (quinze) dias, facultado o requerimento de prova suplementar

cisão no julgamento de mérito, no entanto, na Justiça do Trabalho, o julgamento do mérito somente será possível após a instrução do processo e o seu encerramento, o que torna esta norma sem utilidade no processo trabalhista, que enfrenta petições com dezenas de pedidos, restando totalmente esvaziado pela tutela de urgência ou de evidência.

2.10. INQUIRIÇÃO DE TESTEMUNHA

A inquirição das testemunhas diretamente pelas partes ou advogados como preceitua a redação do art. 459 do NCPC, isto porque haverá colisão direta e frontal com o art. 820 da CLT, segundo o qual as partes e testemunhas serão inquiridas pelo juiz, portanto, nada muda no procedimento laboral em razão de neste existir norma própria e exauriente, vejamos:

> Art. 820. As partes e testemunhas serão inquiridas pelo juiz ou presidente, podendo ser reinquiridas, por seu intermédio, a requerimento dos vogais, das partes, seus representantes ou advogados.

Caberá à parte ou a seu advogado o direito de reinquiri-las por intermédio do magistrado, como sói acontecer no foro trabalhista cotidianamente. A novidade ficará restrita ao processo civil, ainda assim sob a vigilância e direção do magistrado, não admitindo este perguntas que puderem induzir a resposta, não tiverem relação com as questões de fato objeto da atividade probatória ou importarem repetição de outra já respondida.

2.11. SENTENÇA. FUNDAMENTAÇÃO EXAURIENTE

O tópico da sentença de que fala o art. 489, principalmente o seu § 1º, IV e V[34], além do art. 491[35].

A regra de ouro da supletividade ou subsidiariedade por omissão no processo do trabalho será sempre de haver compatibilidade com as normas

---

(34) § 1º Não se considera fundamentada qualquer decisão judicial, seja ela interlocutória, sentença ou acórdão, que: IV – não enfrentar todos os argumentos deduzidos no processo capazes de, em tese, infirmar a conclusão adotada pelo julgador; V – se limitar a invocar precedente ou enunciado de súmula, sem identificar seus fundamentos determinantes nem demonstrar que o caso sob julgamento se ajusta àqueles fundamentos;

(35) Art. 491. Na ação relativa à obrigação de pagar quantia, ainda que formulado pedido genérico, a decisão definirá desde logo a extensão da obrigação, o índice de correção monetária, a taxa de juros, o termo inicial de ambos e a periodicidade da capitalização dos juros, se for o caso, salvo quando:

e princípios do direito do trabalho e processual. Por isso, não basta existir omissão. A regra civilista a ser aplicada deve guardar respeito a simplicidade, a celeridade, a efetividade, devendo o intérprete estar de olho na norma mais favorável, menos gravosa e mais eficiente, mas nunca por derrogação hermenêutica.

Não resta dúvida que, havendo norma própria do processo trabalhista regulando determinada matéria, é o quanto basta para afastar a aplicabilidade do NCPC, eis que, omissão não haverá, mesmo que a regra da CLT não desça a minúcias, como fez a norma em comento, quanto à necessidade de se fundamentar item a item, ponto a ponto da inicial e defesa.

A velha CLT disciplinou, por inteiro, no art. 832, os requisitos da sentença trabalhista, exigindo apenas um relatório resumido, valoração das provas, fundamentação e conclusão, *verbis*:

> Art. 832. Da decisão deverão constar o nome das partes, o resumo do pedido e da defesa, a apreciação das provas, os fundamentos da decisão e a respectiva conclusão.

Assim, não vejo nenhum espaço para que os juízes trabalhistas enfrentem todos os argumentos da exordial e aqueles provenientes da defesa para infirmar a conclusão adotada pelo julgado, nomeadamente porque as petições iniciais trabalhistas, via de regra, trazem mais de uma dezena de pedidos, sem esquecermos o teor indutivo da norma em comento para provocar infindáveis embargos de declaração, porque o magistrado nada teria falado sobre uma vírgula mal posta na inicial ou na defesa, criando verdadeiro embaraço e provocando inúmeras preliminares de nulidades, as quais não ensejam prejuízos concretos, seria apenas a prática da chicana.

Vejo, portanto, como inaplicável no processo do trabalho o inciso IV do § 1º do art. 489 do NCPC, em face de haver, no processo do trabalho, norma própria disciplinando os requisitos da sentença trabalhista, sendo a inovação civilista indutiva a embaraços, retardo na entrega da prestação jurisdicional, provocando, ainda, inúmeros incidentes processuais desnecessários, principalmente porque a regra constitucional que exige do Poder Judiciário fundamentação em todas as suas decisões não traz em sua matriz – art. 93, IX[36] – a necessidade de enfrentamento de todos os argumentos deduzidos no processo, capazes de, em tese, infirmar a conclusão adotada pelo julgador.

---

(36) IX – todos os julgamentos dos órgãos do Poder Judiciário serão públicos, *e fundamentadas todas as decisões*, sob pena de nulidade, podendo a lei limitar a presença, em determinados atos,

Exigiu, tão somente, fundamentação. Se esta for inexistente será nula de pleno direito a decisão, mas se apenas for deficiente aos olhos das partes, não poderá dizer que ela não existiu, mas apenas está em confronto com seu ponto de vista. Esta, aliás, tem sido a jurisprudência do STF, *verbis*:

EMENTA: DIREITO CONSTITUCIONAL. NEGATIVA DE PRESTAÇÃO JURISDICIONAL NÃO CONFIGURADA. ACÓRDÃO RECORRIDO PUBLICADO EM 26.11.2008. Inexiste violação do artigo 93, IX, da CF/88. Na compreensão desta Suprema Corte, o texto constitucional exige que o órgão jurisdicional explicite as razões do seu convencimento, sem necessidade, contudo, do exame detalhado de cada argumento suscitado pelas partes. Agravo regimental conhecido e não provido. (STF – AI: 778119 GO, Relator: Min. ROSA WEBER, Data de Julgamento: 08.10.2013, Primeira Turma, Data de Publicação: ACÓRDÃO ELETRÔNICO DJe-209 DIVULG 21.10.2013 PUBLIC 22.10.2013).

EMENTA: Agravo regimental no recurso extraordinário com agravo. Negativa de prestação jurisdicional. Não ocorrência. Precedentes. 1. A jurisdição foi prestada pelo Tribunal de origem mediante decisão suficientemente motivada. 2. O Plenário do Supremo Tribunal Federal, no exame do AI n. 791.292-QO-RG, Relator o Ministro Gilmar Mendes, concluiu pela repercussão geral do tema e reafirmou a jurisprudência da Corte no sentido de que "o art. 93, IX, da Constituição Federal exige que o acórdão ou decisão sejam fundamentados, ainda que sucintamente, sem determinar, contudo, o exame pormenorizado de cada uma das alegações ou provas, nem que sejam corretos os fundamentos da decisão". 3. Agravo regimental não provido. (STF – ARE: 724767 RS, Relator: Min. DIAS TOFFOLI, Data de Julgamento: 06.05.2014, Primeira Turma, Data de Publicação: DJe-106 DIVULG 02.06.2014 PUBLIC 03.06.2014).

EMENTA DIREITO DO TRABALHO. NEGATIVA DE PRESTAÇÃO JURISDICIONAL NÃO CONFIGURADA. ADICIONAL NOTURNO. PRORROGAÇÃO DA JORNADA. DEBATE DE ÂMBITO INFRACONSTITUCIONAL. ALEGAÇÃO DE OFENSA AO ART. 5º, II, XXXIV, XXXV E LV, DA LEI MAIOR. EVENTUAL VIOLAÇÃO REFLEXA NÃO VIABILIZA O MANEJO DE RECURSO EXTRAORDINÁRIO. ACÓRDÃO RECORRIDO PUBLICADO EM 30.11.2012. Inexiste violação do artigo 93, IX, da Constituição Federal de 1988. **Na compreensão desta Suprema Corte, o texto constitucional exige que o órgão jurisdicional explicite as razões de seu convencimento, sem necessidade, contudo, do exame detalhado de cada argumento esgrimido pelas partes.** Divergir do entendimento do acórdão recorrido quanto ao direito ao recebimento do adicional noturno demandaria a análise da legislação infraconstitucional aplicável (Consolidação da Leis do Trabalho e

---

às próprias partes e à seus advogados, ou somente a estes, em casos nos quais a preservação do direito à intimidade do interessado no sigilo não prejudique o interesse público à informação;

Súmula 60/TST) e da reelaboração da moldura fática delineada na origem, o que torna oblíqua e reflexa eventual ofensa, insuscetível de viabilizar o conhecimento do recurso extraordinário. O exame da alegada ofensa ao art. 5º, II, XXXIV, XXXV e LIV, da Constituição Federal dependeria do reexame da legislação infraconstitucional aplicada à espécie, o que refoge à competência jurisdicional extraordinária, prevista no art. 102 da Constituição Federal. As razões do agravo regimental não se mostram aptas a infirmar os fundamentos que lastrearam a decisão agravada. Agravo regimental conhecido e não provido. (STF – ARE: 789891 DF, Relator: Min. ROSA WEBER, Data de Julgamento: 25.06.2014, Primeira Turma, Data de Publicação: DJe-159 DIVULG 18.08.2014 PUBLIC 19.08.2014). (Destaquei)

Vale lembrar que, nos dias atuais, já não há mais espaço para a decisão judicial representar um tratado, uma monografia ou uma tese, descendo a minúcias totalmente desnecessárias, rebatendo ponto a ponto, com enormes desgastes, consumo exagerado de tempo e esforço em cada processo, com evidente prejuízo para a ordem cronológica de julgamento, já observada pelo PJ-e trabalhista.

Enfatizo, por fim, que na jornada jurídica realizada em Barreirinhas-MA, no início do mês de outubro de 2015, decidiram os juízes do trabalho da 16ª Região, à unanimidade, rejeitar a necessidade de fundamentação exauriente em suas sentenças, quando editaram enunciado[37] acerca do tema.

2.12. DA TAXA DE JUROS

Também não será aplicado no Processo do Trabalho o art. 491 do NCPC, eis que existem normas próprias disciplinando a taxa de juros, a correção monetária e o termo inicial, hipóteses tratadas no art. 883 da CLT e na Lei n. 8.177, de 1991. Vejamos as normas:

> Art. 883. Não pagando o executado, nem garantindo a execução, seguir-se-á penhora dos bens, tantos quantos bastem ao pagamento da importância da condenação, acrescida de custas e **juros de mora, sendo estes, em qualquer caso, devidos a partir da data em que for ajuizada a reclamação inicial.**

---

(37) ENUNCIADO N. 2. *INAPLICABILIDADE DA REGRA DO ART. 489, § 1º, IV, DO NCPC NO PROCESSO DO TRABALHO*. Os requisitos da sentença proferida no curso do processo laboral estão estipulados no art. 832 da CLT. Ausente o requisito da omissão da legislação processual trabalhista e sendo o preceito do art. 489, § 1º, IV do NCPC incompatível com o princípio da simplicidade dos atos processuais trabalhistas, estão ausentes os requisitos necessários para aplicação subsidiária da norma processual civil (art. 769 da CLT).

Lei n. 8.177/1991

Art. 39. Os débitos trabalhistas de qualquer natureza, quando não satisfeitos pelo empregador nas épocas próprias assim definidas em lei, acordo ou convenção coletiva, sentença normativa ou cláusula contratual sofrerão juros de mora equivalentes à TRD acumulada no período compreendido entre a data de vencimento da obrigação e o seu efetivo pagamento.

§ 1º Aos débitos trabalhistas constantes de condenação pela Justiça do Trabalho ou decorrentes dos acordos feitos em reclamatória trabalhista, quando não cumpridos nas condições homologadas ou constantes do termo de conciliação, serão acrescidos, nos juros de mora previstos no *caput* juros de um por cento ao mês, contados do ajuizamento da reclamatória e aplicados *pro rata die*, ainda que não explicitados na sentença ou no termo de conciliação.

§ 2º Na hipótese de a data de vencimento das obrigações de que trata este artigo ser anterior a 1º de fevereiro de 1991, os juros de mora serão calculados pela composição entre a variação acumulada do BTN Fiscal no período compreendido entre a data de vencimento da obrigação e 31 de janeiro de 1991, e a TRD acumulada entre 1º de fevereiro de 1991 e seu efetivo pagamento.

Vale ressaltar, por fim, que mesmo que a sentença trabalhista nada diga acerca de juros e correção monetária, seguindo jurisprudência pacificada pela Súmula n. 211 do TST[38], tais acréscimos encontram-se implícitos na decisão, independentemente de haver pedido expresso na petição ou na própria decisão, hipótese também em plena harmonia com o § 1º do art. 322[39] do novo CPC.

2.13. DA CAUÇÃO PARA LEVANTAMENTO DE DEPÓSITO EM DINHEIRO

NCPC:

Art. 521. A caução prevista no inciso IV do art. 520 poderá ser dispensada nos casos em que:

I – o crédito for de natureza alimentar, independentemente de sua origem;

---

(38) Súmula n. 211. Os *juros* de mora e a *correção monetária* incluem-se na liquidação, ainda que omisso o pedido inicial ou a condenação.

(39) Art. 322. O pedido deve ser certo.

§ 1º Compreendem-se no principal os juros legais, a correção monetária e as verbas de sucumbência, inclusive os honorários advocatícios.

IV – a sentença a ser provisoriamente cumprida estiver em consonância com súmula da jurisprudência do Supremo Tribunal Federal ou do Superior Tribunal de Justiça ou em conformidade com acórdão proferido no julgamento de casos repetitivos.

Parágrafo único. A exigência de caução será mantida quando da dispensa possa resultar manifesto risco de grave dano de difícil ou incerta reparação.

Aparentemente este dispositivo vem ao encontro da celeridade e economia processuais, sendo linguagem bem conhecida do processo do trabalho, sobretudo porque trata da inexistência de caução quando o crédito for de natureza alimentar, por isso, a princípio, salta aos olhos a sua compatibilidade com o Processo do Trabalho. Será mesmo?

Os arts. 520 até 522 fazem parte do Capítulo II, que trata especificamente de cumprimento de sentenças provisórias de obrigação de pagar quantia certa. Sendo provisória a sentença, ela pende ou está sujeita a discussões mediante recursos, donde advém certa debilidade na sua força.

Os seus efeitos devem ser exteriorizados de imediato, sempre que o crédito for de natureza alimentar, independentemente de sua origem ou que ela esteja de acordo com a jurisprudência do STF e STJ. Induvidosamente, os créditos trabalhistas ostentam a mesma natureza alimentar que os alimentos devidos por força de sanguinidade ou parentesco, por isso dispensa-se a caução em nome de um bem maior que é a vida e a própria subsistência.

Mas, um dos requisitos da subsidiariedade ou complementariedade é inexistir colisão, incompatibilidades, confronto ou oposição ao Processo do Trabalho e a seus princípios. Exatamente por estes termos, entendo ser completamente inaplicável a nova regra ao citado processo operário, por isso não poderá migrar para este, em face da literalidade da parte final do art. 899[40] da CLT, o qual permite a execução provisória até a penhora, a qual sequer pode ser em dinheiro, segundo jurisprudência iterativa e atual do TST, materializada na Súmula 417, III[41], a inadmitir a penhora em dinheiro, sempre que a execução for provisória.

---

(40) Art. 899. Os recursos serão interpostos por simples petição e terão efeito meramente devolutivo, salvo as exceções previstas neste Título, *permitida a execução provisória até a penhora. (Destaquei)*

(41) Súmula 417

III – Em se tratando de execução provisória, fere direito líquido e certo do impetrante a determinação de penhora em dinheiro, quando nomeados outros bens à penhora, pois o executado tem direito a que a execução se processe da forma que lhe seja menos gravosa, nos termos do art. 620 do CPC.

Certamente que a jurisprudência do TST foi além dos limites da lei. Ali constou apenas que a execução provisória fosse até a penhora, nada falando se deverá recair sobre dinheiro ou sobre bens móveis ou imóveis. Ao proibir a penhora de dinheiro em tal situação, inexoravelmente, o TST legislou em prejuízo de uma das partes. O limite, como consta do texto, é que o bem permaneça penhorado, sem, evidentemente, haver a liberação do respectivo valor, mas não proibir a constrição.

Comparativamente, tem-se o mesmo fato, porém, em moldura diferente. Refiro-me ao depósito recursal, o qual fica indisponível até o trânsito em julgado, porém, enquanto pende recurso, continua indisponível. A mesma inteligência poderia ser utilizada para penhoras em dinheiro, principalmente porque a parte final do art. 882[42] da CLT faz referência expressa à ordem preferencial de que dispõe o art. 655 do CPC de 1973, expressando o legislador o sentimento de efetividade e celeridade.

O item III da Súmula n. 417 do colendo TST é um forte golpe na esperança do trabalhador e na própria essência do motor propulsor da Justiça do Trabalho: a celeridade e efetividade. Com certeza, é um sério entrave à efetividade. Seria de muito bom tom que a Suprema Corte Trabalhista, a partir da vigência do NCPC, reavaliasse sua jurisprudência sumulada, seguindo a nova tendência, principalmente porque, se no cível o crédito alimentar tem tratamento diferenciado e privilegiado, muito mais razão no Direito do Trabalho. Aliás, os Juízes do Trabalho da 16ª Região, reunidos em jornada jurídica, deliberaram em admitir pertinente a incidência, no Processo do Trabalho, do artigo em comento, por meio de enunciado[43].

Aqui tem-se uma tese corajosamente desafiadora das regras da CLT e da jurisprudência sumulada pelo TST, sendo um ponto fora da reta, uma reação tipicamente adolescente e juvenil, mas provocante e inovadora, haja vista ter sido afastada, também, a possibilidade de risco de grave dano, quando deram nova interpretação ao art. 521, elaborando-se novo enunciado[44].

---

(42) Art. 882. O executado que não pagar a importância reclamada poderá garantir a execução mediante depósito da mesma, atualizada e acrescida das despesas processuais, ou nomeando bens à penhora, *observada a ordem preferencial estabelecida no art. 655 do Código Processual Civil*. (Destaquei)

(43) Enunciado n. 9. LIBERAÇÃO DE VALORES EM EXECUÇÃO PROVISÓRIA. APLICABILIDADE DAS HIPÓTESES PREVISTAS NO NOVO CPC. É aplicável o art. 521, I, II, III e IV do NCPC ao processo do trabalho, permitindo-se a liberação de valores em execução provisória nas hipóteses elencadas.

(44) Enunciado n. 10. ADEQUADA E RAZOÁVEL INTERPRETAÇÃO DO PARÁGRAFO ÚNICO DO ARTIGO 521 DO NCPC. A mera possibilidade de irreversibilidade da quantia

2.14. A NÃO APLICAÇÃO DA REVELIA, SE HOUVER PLURALIDADE DE RÉUS

NCPC

Art. 345. A revelia não produz o efeito mencionado no art. 344 se:

I – havendo pluralidade de réus, algum deles contestar a ação;

O art. 345 afasta os efeitos da revelia em quatro hipóteses alinhavadas dentre os seus quatros incisos, no entanto, o de maior desarmonia com o processo do trabalho, no meu pensar, é o inciso I, o qual entra em choque direto com norma processual do trabalho.

Esta possibilidade, inserida no inciso I, está em rota de colisão e afronta direta às regras contidas no processo do trabalho. Aqui, a CLT não fez e não faz nenhuma ressalva quanto às eventuais excludentes aos efeitos da revelia ou da sentença.

No processo do trabalho, as partes são chamadas a integrarem o polo passivo, sem qualquer exceção, sendo-lhes assegurado o mais amplo direito de defesa. Sendo validamente citados os réus, se apenas um deles oferecer defesa escrita, aquele que omitiu-se não se beneficiará da norma do inciso I do art. 345 do NCPC, em regra. Sentirá o réu-omisso os efeitos da sentença por imposição normativa do art. 844[45] da CLT. Imaginemos que em uma RT existam três réus, sendo o segundo e o terceiro pessoas terceirizadas, empresas distintas, com quadro societário e bens também distintos, sem nenhuma comunhão associativa. Se revéis, como se beneficiariam da noviça norma tão somente por estarem no polo passivo com outros, cujos interesses são díspares e colidentes?

A única hipótese em que se poderia cogitar a possibilidade de afastar a revelia, seria somente em caso de grupo econômico ou de empresas solidárias ou coligadas em que a defesa fosse comum, estendida aos demais. Hipótese, aliás, que não haveria ausência de defesa, a rigor.

---

antecipadamente liberada não caracteriza risco de grave dano que impossibilite a liberação dos valores.

(45) Art. 844. O não-comparecimento do reclamante à audiência importa o arquivamento da reclamação, *e o não-comparecimento do reclamado importa revelia, além de confissão quanto à matéria de fato.*

Parágrafo único. Ocorrendo, entretanto, motivo relevante, poderá o presidente suspender o julgamento, designando nova audiência.

O processo do trabalho também tolerará as hipóteses de litisconsórcio necessário[46] unitário[47], por presunção de o juiz decidir a questão de modo igual para todos os autores e todos os réus, não podendo a sentença ser procedente para uns e improcedentes para outros, pois se juiz assim não o fizer ou agir, haverá nulidade por força do art. 115[48] do CPC de 2015.

Em tais circunstâncias, entender-se-ia, na simplicidade da linguagem do parágrafo único do art. 844 da CLT, que haveria motivo relevante a ensejar o recebimento da defesa em nome da parte ausente, prosseguindo a instrução. Não custa lembrar a regra de ouro a imperar no processo do trabalho: a supletividade ou subsidiariedade não serão importadas, se houver norma da CLT dispondo sobre a matéria, ainda que de forma incompleta e imperfeita. Eis a regra de ouro de que falamos algures.

Não pode a vontade ou os interesses das partes ser o motor a governar o processo, causando, na maioria das vezes, infundados incidentes, retardos e injustiças. Também a vontade subjetiva do juiz não poderá guiar e nem criar rito processual em completa dissonância com os ditames do processo laboral e de seus princípios mais caros: a legalidade, a efetividade e a simplicidade. Não interessa ao processo o "achismo" ou a falta de tecnicidade dos profissionais que nele atuam. O jurista deve proferir decisões de conteúdo técnico e jurídico, em nome da segurança jurídica, jamais causar surpresas e inseguranças.

Assim, não vejo como compatibilizar esta norma com o processo do trabalho, ressalvadas as duas possibilidades em que poderia se pensar em admiti-las, porque razoável, compatível e recomendável.

2.15. DA IMPENHORABILIDADE DOS SALÁRIOS

NCPC:

Art. 833. São impenhoráveis:

IV – os vencimentos, os subsídios, os soldos, os salários, as remunerações, os proventos de aposentadoria, as pensões, os pecúlios e os montepios, bem

---

(46) Art. 114. O litisconsórcio será necessário por disposição de lei ou quando, pela natureza da relação jurídica controvertida, a eficácia da sentença depender da citação de todos que devam ser litisconsortes.

(47) Art. 116. O litisconsórcio será unitário quando, pela natureza da relação jurídica, o juiz tiver de decidir o mérito de modo uniforme para todos os litisconsortes.

(48) Art. 115. A sentença de mérito, quando proferida sem a integração do contraditório, será:
I – nula, se a decisão deveria ser uniforme em relação a todos que deveriam ter integrado o processo;
II – ineficaz, nos outros casos, apenas para os que não foram citados.

como as quantias recebidas por liberalidade de terceiro e destinadas ao sustento do devedor e de sua família, os ganhos de trabalhador autônomo e os honorários de profissional liberal, ressalvado o § 2º;

X – a quantia depositada em caderneta de poupança, até o limite de 40 (quarenta) salários-mínimos;

§ 2º O disposto nos incisos IV e X do caput *não se aplica à hipótese de penhora para pagamento de prestação alimentícia, independentemente de sua origem, bem como às importâncias excedentes a 50 (cinquenta) salários-mínimos mensais*, devendo a constrição observar o disposto no art. 528, § 8º, e no art. 529, § 3º. [grifei]

O NCPC foi bastante conservador nesse ponto. Distanciou-se e ignorou por completo a prática cotidiana, inviabilizando quase por completo qualquer penhora sobre os subsídios, os soldos, os salários, as remunerações, os proventos de aposentadoria, as pensões, os pecúlios e os montepios, além das quantias recebidas por liberalidade de terceiro e destinadas ao sustento do devedor e de sua família, os ganhos de trabalhador autônomo e os honorários de profissional liberal, desde que inferiores a *50 (cinquenta) salários-mínimos mensais,* ou atuais R$ 44.000,00 (Quarenta e quatro mil reais), considerando-se o salário mínimo de janeiro de 2016.

A nova regra está totalmente na contramão da realidade judicial brasileira. Não é nada razoável e muito menos prudente, haja vista que permite-se, legalmente, que o trabalhador empenhe até 35%[49] (trinta e cinco por cento) do seu salário em empréstimos e consignados, inclusive com possibilidade de se efetuar descontos da rescisão, consoante alteração ocorrida em outubro de 2015, no art. 1º da Lei n. 10.820, de 17 de dezembro de 2003[50], mas não se admite penhorar o mesmo percentual para quitar débito trabalhista, o qual possui a mesma natureza dos créditos tipicamente alimentares. Todavia, mesmo sendo induvidosa essa premissa, a jurisprudência trabalhista não consegue avançar, a fim de evoluir e fazer surgir uma nova jurisprudência sobre a exceção ali criada.

---

(49) Percentual acrescido para 35% pela Lei n. 13.172, de 21 de outubro de 2015.

(50) Art. 1º

§ 1º O desconto mencionado neste artigo também *poderá incidir sobre verbas rescisórias devidas pelo empregador*, se assim previsto no respectivo contrato de empréstimo, financiamento, cartão de crédito ou arrendamento mercantil, até o limite de 35% (trinta e cinco por cento), sendo 5% (cinco por cento) destinados exclusivamente para:

I – a amortização de despesas contraídas por meio de cartão de crédito; ou

II – a utilização com a finalidade de saque por meio do cartão de crédito.

Seria um contraponto no conservadorismo, no retrocesso e na falta de empatia com o credor trabalhista, na maioria das vezes desvalido na relação processual e mais necessitado, se se renovasse o olhar da jurisprudência no sentido de admitir alguma tangibilidade nos salários dos devedores, como, aliás, vem fazendo o STF e alguns Tribunais de Justiça, *verbis*:

AGRAVO DE INSTRUMENTO. PROCESSUAL CIVIL. EXECUÇÃO. PENHORA *ON LINE*: 30% DE VERBA DE NATUREZA ALIMENTAR. 1. PREQUESTIONAMENTO NÃO DEMONSTRADO. SÚMULAS 282 E 356 DO SUPREMO TRIBUNAL FEDERAL. 2. NECESSIDADE DA ANÁLISE DE LEGISLAÇÃO INFRACONSTITUCINAL: OFENSA CONSTITUCIONAL INDIRETA. AGRAVO AO QUAL SE NEGA SEGUIMENTO. Relatório 1. Agravo de instrumento contra decisão que não admitiu recurso extraordinário, interposto com base no art. 102, inc. III, alínea *a*, da Constituição da República. 2. O recurso inadmitido tem como objeto o seguinte julgado da Segunda Turma Recursal dos Juizados Especiais Cíveis e Criminais do Tribunal de Justiça do Distrito Federal e dos Territórios: "<u>CIVIL. EXECUÇÃO DE TÍTULO EXTRAJUDICIAL. PENHORA ONLINE NO PERCENTUAL DE 30% DO SALÁRIO DA EXECUTADA.*Conforme o entendimento sedimentado no âmbito das Turmas Recursais, em que pese a impenhorabilidade do salário estabelecida no art. 649, IV, do CPC, tendo em vista a necessidade de se conferir efetividade ao processo de execução, passou-se a admitir a constrição de verba salarial, desde que limitada a 30% do seu valor, percentual correspondente à margem consignável, a fim de assegurar os gastos pessoais mínimos e resguardar a dignidade humana.Recurso conhecido e improvido*" (fl. 70).</u>3. No recurso extraordinário, a Agravante alega que teriam sido contrariados os arts. 1º, inc. III, e 60, § 4º, inc. III, da Constituição da República.Sustenta que o § 3º do art. 649 do Código de Processo Civil teria sofrido veto presidencial no projeto original em decorrência de previsão de penhora de até 40% (quarenta por cento) do total recebido mensalmente acima de 20 (vinte) salários mínimos,calculados após efetuados os descontos de imposto de renda retido na fonte, contribuição previdenciária oficial e outros descontos compulsórios" (fl. 82). Afirma que o veto teria sido mantido por ser contrária à tradição jurídica brasileira a penhora de verbas de natureza salarial e que por essa razão seria de surpreender que a jurisprudência dominante se posicione a favor da penhora de 30% da verba salarial"e que não seria admissível que em nome do combate ao inadimplemento privado, o Judiciário extrapole as atribuições de seus poderes e aplique aquilo que é expressamente proibido por lei" (fls. 83-84). Sustenta, ainda, que "a consolidação da jurisprudência em sentido contrário à lei fere o princípio da Dignidade da Pessoa Humana, uma vez que, arbitrariamente, determina que um quantum de salário dos devedores não lhes é necessário à sobrevivência" (fl.85).4. A decisão agravada teve como fundamentos para a inadmissibilidade do recurso extraordinário a incidência das Súmulas 282 e 356 do Supremo

Tribunal Federal e a circunstância de que a ofensa à Constituição, se tivesse ocorrido, seria indireta (fls. 94-96).5. No presente recurso, a Agravante reitera os argumentos de afronta direta à Constituição e afirma a realização do prequestionamento (fls. 98-108). Analisada a matéria posta à apreciação, **DECIDO. 6. Razão jurídica não assiste ao Agravante. 7**. Inicialmente, cumpre considerar se teria sido atendida a exigência do prequestionamento da matéria constitucional. Tem-se atendido o requisito do prequestionamento quando oportunamente suscitada a matéria, o que se dá em momento processualmente adequado, nos termos da legislação vigente. Quando, suscitada a matéria constitucional pelo interessado, não há o debate ou o pronunciamento do órgão judicial competente é que pode – e deve, então – haver a oposição de Embargos Declaratórios para que se supra a omissão, como é próprio deste recurso. Na espécie vertente, o Tribunal de origem não se manifestou sobre o tema constitucional constante no art. 60, § 4º, inc. III, da Constituição da República, tampouco a Agravante opôs embargos de declaração com o intuito de provocar a manifestação expressa sobre a questão. Assim, não houve o atendimento da exigência do prequestionamento quanto ao art. 60, § 4º, inc. III, da Constituição. Incidem na espécie as Súmulas 282 e 356 do Supremo Tribunal Federal. 8. *No mérito, o Tribunal a quo analisou a controvérsia à luz das normas processuais que regem a execução e da jurisprudência das Turmas Recursais dos Juizados Especiais do Distrito Federal. Eventual ofensa à Constituição, se tivesse ocorrido, seria indireta, o que não viabiliza o processamento do recurso extraordinário*. Nesse sentido: "AGRAVO REGIMENTAL NO AGRAVO DE INSTRUMENTO. PROCESSUAL CIVIL. EXECUÇÃO. NOMEAÇÃO DE BENS À PENHORA. INEFICÁCIA. IMPOSSIBILIDADE DA ANÁLISE DA LEGISLAÇÃO PROCESSUAL. OFENSA CONSTITUCIONAL INDIRETA. AUSÊNCIA DE DEFICIÊNCIA DE FUNDAMENTAÇÃO DO ACÓRDÃO OBJETO DO RECURSO EXTRAORDINÁRIO. AGRAVO REGIMENTAL AO QUAL SE NEGA PROVIMENTO. Não é deficiente em sua fundamentação a decisão que apresenta motivação suficiente, mas em sentido contrário aos interesses da parte." (AI 665.308-AgR, de minha relatoria, Primeira Turma, DJe 13.3.2009 – grifos nossos). "PROCESSUAL CIVIL. EXECUÇÃO FISCAL. PENHORA. MATÉRIA INFRACONSTITUCIONAL. SÚMULA STF 279. 1. O acórdão recorrido decidiu a lide com base na legislação infraconstitucional. Inadmissível o recurso extraordinário porquanto a ofensa à Constituição Federal, se existente, se daria de maneira reflexa. 2. Decidir de maneira diferente do que deliberado pelo tribunal *a quo* demandaria o reexame de fatos e provas da causa, ante a incidência da Súmula STF 279. 3. Agravo regimental improvido" (AI 766.612-AgR, Rel.Min. Ellen Gracie, Segunda Turma, DJe 19.02.2010). **Nada há, pois, a prover quanto às alegações da Agravante. 9**. Pelo exposto, nego seguimento a este agravo (art. 557, caput, do Código de Processo Civil e art. 21, § 1º, do Regimento Interno do Supremo Tribunal Federal). Publique-se. Brasília, 5 de novembro de 2010. Ministra CÁRMEN

LÚCIA Relatora. (STF – AI: 788394, Relator: Min. CÁRMEN LÚCIA, Data de Julgamento: 05.11.2010, Data de Publicação: DJe-222 DIVULG 18.11.2010 PUBLIC 19.11.2010). (Destaquei)

Processo: ARE 941192 RJ – RIO DE JANEIRO

Relator(a): Min. DIAS TOFFOLI

Julgamento: 01.02.2016

Parte(s): RECTE.(S): ELIZABETH MAGALHAES DOS SANTOS

RECDO.(A/S): NAIR LAS HERAS AMORIM

Decisão

Decisão: Vistos. Trata-se de agravo contra a decisão que não admitiu recurso extraordinário interposto contra acórdão da Primeira Turma Recursal dos Juizados Cíveis e Criminais do Estado do Rio de Janeiro que, em síntese, confirmou a sentença de 1º Grau por seus próprios fundamentos. Da referida sentença, destaca-se a seguinte fundamentação: Considerando as alegações veiculadas pela embargante em sua petição, tenho como apenas parcialmente procedentes as razões invocadas ao embasamento de sua pretensão. Isto porque, conforme se depreende, os valores penhorados encontram-se, em princípio, sob a proteção legal da impenhorabilidade (art. 649 do CPC), proteção essa que, entretanto não pode acarretar a frustração do credor no que se refere ao recebimento do valor exequendo, que é de grande monta. *Entendo que, excepcionalmente, o pedido de penhora de 30% (trinta por cento) dos vencimentos da executada deve ser deferido, pois, de fato, é imperioso que se componham os dois direitos aqui em aparente colisão: o direito de crédito da exequente, já que vencedora em demanda judicial, e o direito ao mínimo existencial do devedor condenado, esse consubstanciado no seu salário, que goza do atributo da impenhorabilidade, a teor do que dispõe o art. 649, IV do CPC.* Com efeito, é evidente que a ré condenada procura furtar-se do cumprimento da sentença, que já conta com trânsito em julgado há anos. Há o direito de crédito da parte autora, direito esse oriundo, como dito, da sentença proferidos nos autos, De toda sorte, esbarra o direito de crédito da autora na pretensa impenhorabilidade do salário da ré, a teor do que dispões o art. 649 do CPC. Ocorre que, como é cediço, inexiste direito absoluto no ordenamento pátrio. Todos os direitos se encontram em constante ponderação, pois é sabido que a observância ou salvaguarda de um deles não pode acarretar a aniquilação do outro, que se encontra em aparente rota de colisão. Os direitos em aparente conflito devem ser ponderados de modo a serem sempre viabilizados em cotejo, impondo-se, aqui, observar o consagrado Método da Ponderação de Interesses. Por tal razão é que a melhor doutrina sobre o tema assevera inexistir verdadeiro conflito de direitos, porque todos, sem exceção, podem ser sempre ponderados e, assim, harmonizados com os demais, mantendo-se, em atenção ao princípio da razoabilidade – que é de envergadura constitucional – a higidez do sistema pátrio. A Tese, ou Método, da Ponderação de Interesses, é conhecida e, por economia, não discorrerá o Juízo sobre a mesma, salvo para esclarecer que a própria lei processual deixa antever que a regra da impenhorabilidade do salário – art. 649, I do CPC – que funda raízes no direito ao mínimo existencial, que é valor constitucional, não é regra absoluta, porque pode ser cotejada e, pois, flexibilizada em hipóteses excepcionais. Nesse sentido, as ressalvas positivadas nos parágrafos 1º e 2º do próprio art. 649 do CPC, que relativizam a regra da impenhorabilidade – também dos salários – diante de dívidas contraídas para aquisição do próprio bem ou de dívida relacionada ao pagamento de prestação alimentícia. Exemplo, pois, de que tal direito não é absoluto, nem mesmo diante da legislação que o consagra. Pois bem. Forte em tais premissas de ordem técnica, é de se reconhecer que, à míngua de outros meios (atendendo-se, aqui, ao Princípio da Menor Onerosidade na Execução), impõe-se autorizar que recaia a penhora sobre os 30% (trinta por cento) dos vencimento da ré. Entendo que a medida tem o condão de atender ao direito de crédito da exequente pois procura viabilizar a sua satisfação, ainda que parcelada – sem acarretar a aniquilação do direito ao mínimo existencial da executada. O percentual indicado, aqui, atende por analogia ao disposto na Lei n. 10.820/03, que permite a consignação voluntária de empréstimos diretamente em folha de pagamento, desde que observado o limite de 30% (trinta por cento) da remuneração disponível do mutuário, limite esse que, como é cediço, foi fixado em lei para garantia do próprio contratante. Ora, se é possível ao executado contratar empréstimo no mercado de consumo ofertando como garantia, para tanto, parcela de seus vencimentos, então, com muito maior razão, é possível a reserva dessa mesma parcela para pagamento de suas dívidas certas e líquidas, como nesse caso A solução aqui preconizada, além de resultar da boa técnica da Ponderação de Interesses, atende ao valor da boa-fé que rege todo o Direito Civil brasileiro. Não é a mesma, ademais, estranha aos Tribunais, valendo citar como exemplo as ementas abaixo transcritas extraídas do Portal do E. TJERJ na internet, verbis: (...)." Opostos embargos declaratórios, foram rejeitados. No recurso extraordinário, sustenta-se violação dos artigos 1º, inciso III, 5º, incisos XXXV, LIV e LV, e 93, inciso IX, da Constituição Federal. **Decido.** Não procede a alegada violação do artigo 93, inciso **IX, da Constituição, haja vista que, conforme se verifica na fundamentação da sentença de 1º grau anteriormente transcrita, a qual foi confirmada pelo acórdão atacado, a jurisdição foi prestada, no caso, mediante decisões suficientemente motivadas, não obstante contrárias à pretensão da parte recorrente.** Anote-se que o Plenário deste Supremo Tribunal Federal reconheceu a repercussão geral desse tema e reafirmou a orientação de que a referida norma constitucional não exige que o órgão judicante manifeste-se sobre todos os argumentos de defesa apresentados, mas que fundamente, ainda que sucintamente, as razões que entendeu suficientes à formação de seu convencimento (AI n. 791.292/PE-RG-QO, Relator o Ministro Gilmar Mendes, DJe de 13.08.2010).

Ressalte-se, outrossim, que não viola a exigência constitucional de motivação a fundamentação do julgado de turma recursal que, na conformidade da lei, adota os fundamentos contidos na sentença recorrida. Anote-se: DECISÃO – TURMA RECURSAL – FUNDAMENTAÇÃO. A Lei n. 9.099/95 viabiliza a adoção pela turma recursal dos fundamentos contidos na sentença proferida, não cabendo cogitar de transgressão do artigo 93, inciso IX, da Constituição Federal (AI n. 453.483/PB-AgR, Primeira Turma, Relator o Ministro Marco Aurélio, DJ de 08.06.2007). A matéria foi tema de repercussão geral reconhecida com reafirmação da jurisprudência, nos autos do RE n. 635.729/SP-RG, de minha relatoria, DJe 24.08.2011. O acórdão desse julgamento ficou assim ementado: "Juizado especial. Parágrafo 5º do art. 82 da Lei n. 9.099/95. Ausência de fundamentação. Artigo 93, inciso IX, da Constituição Federal. Não ocorrência. Possibilidade de o colégio recursal fazer remissão aos fundamentos adotados na sentença. Jurisprudência pacificada na Corte. Matéria com repercussão geral. Reafirmação da jurisprudência do Supremo Tribunal Federal". Ademais, a jurisprudência desta Corte está consolidada no sentido de que as alegações de afronta aos princípios da legalidade, do devido processo legal, da ampla defesa e do contraditório, dos limites da coisa julgada e da prestação jurisdicional, se dependentes de reexame de normas infraconstitucionais, podem configurar apenas ofensa indireta ou reflexa à Constituição Federal, o que não enseja reexame em recurso extraordinário. Nesse sentido: "AGRAVO DE INSTRUMENTO – ALEGAÇÃO DE OFENSA AO POSTULADO DA MOTIVAÇÃO DOS ATOS DECISÓRIOS – INOCORRÊNCIA – AUSÊNCIA DE OFENSA DIRETA À CONSTITUIÇÃO – RECURSO IMPROVIDO. O Supremo Tribunal Federal deixou assentado que, em regra, as alegações de desrespeito aos postulados da legalidade, do devido processo legal, da motivação dos atos decisórios, do contraditório, dos limites da coisa julgada e da prestação jurisdicional podem configurar, quando muito, situações de ofensa meramente reflexa ao texto da Constituição, circunstância essa que impede a utilização do recurso extraordinário. Precedentes" (AI n. 360.265/RJ-AgR, Segunda Turma, Relator o Ministro Celso de Mello, DJ de 20.09.2002). Por fim, para acolher a pretensão da recorrente e divergir do entendimento firmado pelas instâncias de origem seria necessário o reexame da legislação infraconstitucional pertinente e do conjunto fático-probatório dos autos, o que se mostra incabível no âmbito do recurso extraordinário. Incidência da Súmula n. 279 desta Corte. Nesse sentido, anote-se: "DIREITO PROCESSUAL CIVIL. POSSIBILIDADE DE PENHORA ON LINE. NECESSIDADE DE PRÉVIA ANÁLISE DE LEGISLAÇÃO INFRACONSTITUCIONAL. NEGATIVA DE PRESTAÇÃO JURISDICIONAL NÃO CONFIGURADA. O Tribunal *a quo* tratou apenas de matéria referente à possibilidade de penhora *on line*. O exame das alegadas ofensas a dispositivos constitucionais dependeria de prévia análise da legislação infraconstitucional que disciplina a matéria. Precedentes. Negativa de prestação jurisdicional não configurada. O artigo 93, IX, da Constituição Federal exige que o órgão jurisdicional explicite as razões do seu convencimento, ainda que sucintamente. Agravo regimental conhecido e não provido" (AI n. 830.805/DF-AgR, Primeira Turma, Relatora a Ministra Rosa Weber, DJe de 23.05.2012). "AGRAVO REGIMENTAL NO RECURSO EXTRAORDINÁRIO COM AGRAVO. PROCESSUAL CIVIL. EXECUÇÃO FISCAL. PENHORA ON LINE. MATÉRIA INFRACONSTITUCIONAL. OFENSA CONSTITUCIONAL INDIRETA. AGRAVO REGIMENTAL AO QUAL SE NEGA PROVIMENTO" (ARE n. 642.119/Df-AgR, Primeira Turma, Relatora a Ministra Cármen Lúcia, DJe de 15/3/12) "AGRAVO REGIMENTAL NO AGRAVO DE INSTRUMENTO. PROCESSUAL CIVIL. CITAÇÃO. VALIDADE. MATÉRIA INFRACONSTITUCIONAL. OFENSA INDIRETA. REEXAME DE FATOS E PROVAS. SÚMULA 279 DO STF. INCIDÊNCIA. AGRAVO IMPROVIDO. I – Para dissentir da conclusão a que chegou o acórdão recorrido quanto à validade da citação, necessário seria o reexame de normas infraconstitucionais, bem como a análise do conjunto fático-probatório constante dos autos, o que atrai a incidência da Súmula 279 do STF . Precedentes. II – Agravo regimental improvido" (AI n. 836.185/RJ--AgR, Segunda Turma, Relator o Ministro Ricardo Lewandowski, DJ de 15.06.2011). "AGRAVO REGIMENTAL NO AGRAVO DE INSTRUMENTO. NORMA INFRACONSTITUCIONAL. OFENSA INDIRETA. REEXAME DE PROVAS. IMPOSSIBILIDADE EM RECURSO EXTRAORDINÁRIO. 1. Controvérsia decidida à luz de normas infraconstitucionais. Ofensa indireta à Constituição do Brasil. 2. Reexame de fatos e provas. Inviabilidade do recurso extraordinário. Súmula n. 279 do STF. Agravo regimental a que se nega provimento" (AI n. 556.757/RJ-AgR, Segunda Turma, Relator o Ministro Eros Grau, DJ de 12.05.2006). Ante o exposto, conheço do agravo para negar seguimento ao recurso extraordinário. Publique-se. Brasília, 1º de fevereiro de 2016. Ministro Dias Toffoli Relator Documento assinado digitalmente. (Grifei e destaquei).

LOCAÇÃO DE IMÓVEIS. EXECUÇÃO. SALDO MANTIDO EM CONTA CORRENTE VENCIMENTOS E SALÁRIOS PENHORA ON LINE DE 30% SOBRE O VALOR DO SALÁRIO RECEBIDO PELO EXECUTADO POSSIBILIDADE DECISÃO MANTIDA RECURSO NÃO PROVIDO. Nos termos do art. 649, IV, do CPC, são os salários e vencimentos impenhoráveis, não havendo qualquer ressalva à sua quantidade. *Contudo, atentando para o fato que toda e qualquer quantia percebida se presta, não só para a satisfação das necessidades básicas do assalariado e seus dependentes, como para o cumprimento de suas obrigações, há de se observar o princípio da menor gravosidade possível, fazendo a constrição ficar restrita a valores não superiores a 30% das importâncias mensais que vierem a ser depositadas, até que alcance a plenitude da garantia.* (TJ-SP – AI: 356659720118260000 SP 0035665-97.2011.8.26.0000, Relator: Paulo Ayrosa, Data de Julgamento: 21.06.2011, 31ª Câmara de Direito Privado, Data de Publicação: 21.06.2011) (Destaquei)

Na senda trabalhista é muito comum muitas empresas nada possuírem, quando são executadas; o mesmo ocorre com seus sócios, que algumas vezes, apesar de servidores públicos, que ostentam remuneração fixa e perene, integram o quadro societário. No entanto, quando se procede a qualquer bloqueio eletrônico, logo virão argumentos sobre a intangibilidade salarial, a justificar o imediato desbloqueio.

A insensibilidade da jurisprudência trabalhista com o direito do exequente remonta à insensatez e à indiferença, eis que a lei possibilita uma interpretação mais humanista e justa quando excepcionou da impenhorabilidade o <u>pagamento de prestação alimentícia, independentemente de sua origem,</u> por isso, para não sermos repetitivo, remetemos o leitor ao item 1.4.2.5, quando falamos da exigência da caução na tutela de urgência.

Infelizmente, a interpretação tem sido literal e absoluta, muito acanhada, não alcançando os ditames da justiça social, além de se dissociar dos valores sociais do trabalho e da dignidade da pessoa do trabalhador, ambos princípios constitucionais que deveriam nortear todo intérprete na aplicação da lei. Mas, consigo enxergar uma luz no fim desse túnel escuro e sem muita esperança.

Quando o NCPC excepcionou o pagamento de prestação alimentícia, o qual não se submete à impenhorabilidade absoluta dos salários, independentemente de sua origem, deixou um filete de esperança para se viabilizar um socorro àquele que vive ou sobrevive de sua força de trabalho. Por esta razão, considerou impenhoráveis todas as quantias recebidas até por liberalidade de terceiro e destinadas ao sustento do devedor e de sua família, os ganhos de trabalhador autônomo e os honorários de profissional liberal.

Todavia, esta mesma necessidade, quando estiver representada por crédito de natureza trabalhista, completamente insolvente em processo judicial trabalhista, ante a constatação de inexistência de bens da empresa e de seus sócios, entendo que a nova exceção poderia muito bem se encaixar na possibilidade de que fala o § 3º[51] do art. 529, também excepcionado pelo § 2º do art. 833 do NCPC, no qual o débito exequendo poderá ser descontado dos rendimentos ou renda do executado, até o limite de 50% (cinquenta por cento) dos seus ganhos líquidos.

---

(51) § 3º Sem prejuízo do pagamento dos alimentos vincendos, o débito objeto de execução pode ser descontado dos rendimentos ou rendas do executado, de forma parcelada, nos termos do caput deste artigo, contanto que, somado à parcela devida, não ultrapasse cinquenta por cento de seus ganhos líquidos.

Medida de grande valia essa se usada com prudência e sabedoria, já que, geralmente, os juízes da execução trabalhista têm fixado o desconto em até 30% (trinta por cento) dos rendimentos do executado-empregado ou do servidor público que, porventura, ostentem a qualidade de sócio da empresa executada. Aqui deve-se prestigiar a dignidade do trabalhador, viabilizando que o mesmo obtenha exatamente aquilo que buscara no Judiciário, o reconhecimento de um direito vivo e eficaz, mesmo que haja um certo abrandamento da regra positivada, em clara valoração do primado do trabalho.

Vale relembrar, portanto, lição de hermenêutica constitucional vigente em nossos dias, ministrada pelo professor Barroso[52], cuja aplicação deve ser estimulada em nossa magistratura, principalmente em casos emblemáticos:

> E surge então essa ideia, esse momento em que vivemos, que é o reconhecimento de que a norma é muito importante, é uma conquista da história da humanidade, mas também o do reconhecimento de que o direito não se esgota na norma. Há na vida jurídica um conjunto de valores, um conjunto de princípios que integram o ordenamento jurídico por fazerem parte do patrimônio da civilização, ainda quando não estejam expressos em letra de forma, em um texto legislativo. **Esses valores até podem ser veiculados por normas, mas vivem fora e acima delas.** _São exemplos os princípios da dignidade da pessoa humana, da reserva de justiça, da solidariedade_, entre outros; é com base nesses valores, materializados em princípios, que a interpretação constitucional pode aumentar o seu compromisso com a justiça e, em certos casos, até mesmo superar a legalidade estrita, quando, de outra forma, a aplicação da norma frustraria um princípio constitucional (grifei).

Estamos diante de uma norma, em regra, inflexível, que veta qualquer desconto salarial, porém, a nova lei abre breves brechas para oportunizar que o direito não fique, por completo, esmagado por uma interpretação obtusa e pouco criativa. Nesta senda, temos três princípios constitucionais bem caros a serem ponderados: intangibilidade salarial, dignidade do trabalhador e o primado do trabalho.

Nada mais cruel para um trabalhador do que não poder gozar do produto de sua força de trabalho, em nome de uma interpretação encouraçada e impermeável do positivismo estrito. Seria como se um legítimo proprietário

---

(52) BARROSO, Luis Roberto. *Controle da Constitucionalidade e Direitos Fundamentais.* 2003. p. 77-78.

não pudesse usar, gozar e dispor de sua propriedade, apesar de senhorio. É um contrassenso, um ponto fora da curva. E tudo em nome da letra da lei. Porém, não podemos esquecer que a lei é apenas um caminho, e se for confrontada com princípios constitucionais, não terá força para sobrepor-se ao seu criador: a Constituição da República Federativa do Brasil.

Toda ciência tem sempre como pilares determinantes seus próprios princípios, dos quais se serve como diretriz para a criação de normas inferiores, cuja aplicação deve nortear o intérprete na aplicação da lei com estrita obediência aos pilares determinantes de sistema constitucional. Por isso, toda interpretação deve partir do centro (dos princípios) para as extremidades, nunca o inverso, pois se assim for estar-se-ia privilegiando excessivamente uma norma inferior em derrogação de uma norma inquestionavelmente superior: geralmente um princípio constitucional.

Infelizmente, a nossa cultura jurídica, em razão de um passado negativo na nossa história, teve forte tendência de interpretar as normas legais partindo da periferia para o centro, privilegiando ou tendo como ponto de partida sempre uma norma infraconstitucional.

O direito constitucional passado, por não ostentar a legitimidade das urnas, não era o foco ou ponto de partida dos intérpretes. Não tinha autoridade, eis que nas palavras do professor Barroso[53], esse constitucionalismo brasileiro não era comprometido com a sinceridade, porque a Constituição não tinha força normativa.

Tem sido tão ortodoxa a jurisprudência trabalhista nesse ponto do conhecimento jurídico, sendo muito comum vermos decisões judiciais albergando esse tipo de interpretação gramatical e periférica, fincada em pesadas amarras da legalidade estrita. Mas, os ventos sopram em direção contrária, em tempos de alvíssaras hermenêuticas constitucionais, consolidadas por uma teoria constitucional pungente, vigorosa e corajosa. No entanto, fica o alerta: deve o intérprete guiar-se por um ativismo judiciário equilibrado, responsável e moderado, não ignorando o tempo e a consciência jurídica da comunidade onde está inserido.

Nessa busca judicial por bens penhoráveis, do devedor, este às vezes esnoba, desdenha e afronta o Estado-juiz com vultosos contracheques, como pude constatar quando, certa vez, deparei-me com uma pensionista com duas pensões e uma aposentadoria, demonstrando possuir soma significativa de valores, porém, o Tribunal Regional do Trabalho da 16ª, na época,

---

(53) *Idem. Op. cit.*, p. 74.

sequer fez algum registro acerca dessa realidade, simplesmente liberou o valor bloqueado, pelo jargão da impenhorabilidade, ficando o desvalido ainda mais empobrecido, desprezado, constrangido e desacreditado. Resultado: dignidade do trabalhador aviltada.

A Justiça do Trabalho precisa avançar no entendimento para relativizar a intangibilidade salarial como vem fazendo os Juizados Federais, o STF e até o TJSP, como acima demonstrados, buscando ser conduíte no fomento da distribuição de justiça social como sói acontecer. Não consigo compreender tamanha resistência de a JT atualizar a sua jurisprudência, passando a ser mais obtusa que tribunais que não têm a tradição na lide do dia a dia com o direito social e com os dramas vividos pelos mais pobres quando ficam sem receber suas indenizações trabalhistas e não conseguem suprir suas primeiras necessidades. É um verdadeiro contrassenso com a realidade jurídica, notadamente porque é possível ao empregado ou servidor contratar empréstimo no mercado de consumo empenhando como garantia, para tanto, parcela significativa de seus vencimentos, inclusive até com a possibilidade de haver desconto de 35% (trinta e cinco por cento) sobre as verbas rescisórias, e não se permitir que o mesmo percentual seja utilizado para quitar débitos exequendos há muito inadimplidos.

Como é cediço, inexiste direito absoluto no ordenamento pátrio. Todos os direitos se encontram em constante ponderação, pois é sabido que a observância ou salvaguarda de um deles não pode acarretar a aniquilação do outro, que se encontra em aparente rota de colisão. Os direitos em aparente conflito devem ser ponderados de modo a serem sempre viabilizados em cotejo, impondo-se, aqui, observar o consagrado Método da Ponderação de Interesses. Portanto, é de se reconhecer que, à míngua de outros meios (atendendo-se, aqui, ao Princípio da Menor Onerosidade na Execução), imperativo autorizar a penhora de 30% (trinta por cento) dos vencimentos do executado quando for assalariado. Entendo que a medida tem o condão de atender ao direito de crédito trabalhista inadimplido, buscando viabilizar a sua satisfação, ainda que parceladamente – sem acarretar a aniquilação do direito ao mínimo existencial da executada. É a inteligência que extraio de um dos acórdãos do STF, cujo relator foi o Min. Dias Toffoli.

Essa situação privilegiada do devedor é muito similar à retratada pelo poema abaixo, que equipara os privilégios (direitos) da Fazenda Pública com os de um trabalhador normal, de autoria de Hilton Mendonça Corrêa Filho *apud* CORRÊA, Antonio[54].

---

(54) CORRÊA, Antonio de Pádua Muniz. *Execução contra a Fazenda Púbica*. 2005. p. 44.

O OPERÁRIO E A FAZENDA PÚBLICA.

Não somos iguais.
Nunca o fomos e
é injusto não sermos.
Meus dias e os teus
têm luas e diferentes sóis.
Quando parte executada,
a mim é dada a ordem máxima:
pague! Já a ti,
que embargues, resistas.
Meus expropriáveis bens invejam os teus,
impenhoráveis.
As sentenças que te condenam
nascem à flor do reexame;
As que me açoitam,
rumam ao trânsito em julgado, impiedosas.
Tua execução – meu flagelo implacável -
ri até das missivas inócuas
emanadas das Cortes.
O fundamento delas é tua cláusula pétrea caloteira.
Tu és (e tens) nas mãos
o poder que me escapa.
Daí a nitidez de existir – entre mim e ti -
mais do que um precatório de privilégios:
há um mar de obstáculos ...
(que só a perseverança transpõe).

Poema de autoria do advogado Hilton Mendonça Corrêa Filho, extraído do livro *Justiça Gratuita*, 2003.

ANEXO I

RESOLUÇÃO ADMINISTRATIVA N. 1.470, DE 24 DE AGOSTO DE 2011

Regulamenta a expedição da Certidão Negativa de Débitos Trabalhistas – CNDT e dá outras providências.

O EGRÉGIO ÓRGÃO ESPECIAL DO TRIBUNAL SUPERIOR DO TRABALHO, em sessão extraordinária hoje realizada, sob a Presidência do Excelentíssimo senhor Ministro João Oreste Dalazen, Presidente do Tribunal, presentes o Ex.mos senhores Ministros Maria Cristina Irigoyen Peduzzi, Vice-Presidente, Antônio José de Barros Levenhagen, Corregedor-Geral da Justiça do Trabalho, Milton de Moura França, Carlos Alberto Reis de Paula, Ives Gandra da Silva Martins Filho, João Batista Brito Pereira, Horácio Raymundo de Senna Pires, Rosa Maria Weber Candiota da Rosa, Luiz Philippe Vieira de Mello Filho, Alberto Luiz Bresciani de Fontan Pereira, Dora Maria da Costa, Fernando Eizo Ono, Márcio Eurico Vitral Amaro e o Exmo. Procurador-Geral do Trabalho, Dr. Luis Antônio Camargo de Melo,

Considerando a edição da Lei 12.440, de 7 de julho de 2011, que instituiu a Certidão Negativa de Débitos Trabalhistas – CNDT;

Considerando que a expedição da CNDT, eletrônica e gratuita, pressupõe a existência de base de dados integrada, de âmbito nacional, com informações sobre as pessoas físicas e jurídicas inadimplentes perante a Justiça do Trabalho;

Considerando a necessidade de padronizar e regulamentar a frequência, o conteúdo e o formato dos arquivos a serem disponibilizados pelos Tribunais Regionais do Trabalho com os dados necessários à expedição da CNDT;

RESOLVE

Art. 1º É instituído o Banco Nacional de Devedores Trabalhistas – BNDT, composto dos dados necessários à identificação das pessoas naturais e jurídicas, de direito público e privado, inadimplentes perante a Justiça do Trabalho quanto às obrigações:

I – estabelecidas em sentença condenatória transitada em julgado ou em acordos judiciais trabalhistas; ou

II – decorrentes de execução de acordos firmados perante o Ministério Público do Trabalho ou Comissão de Conciliação Prévia.

§ 1º Para os fins previstos no *caput*, considera-se inadimplente o devedor que, devidamente cientificado, não pagar o débito ou descumprir obrigação de fazer ou não fazer, no prazo previsto em lei.

§ 2º A garantia total da execução por depósito, bloqueio de numerário ou penhora de bens suficientes, devidamente formalizada, ensejará a expedição de Certidão Positiva de Débitos Trabalhistas, com os mesmos efeitos da CNDT.

§ 3º Não será inscrito no Banco Nacional de Devedores Trabalhistas o devedor cujo débito é objeto de execução provisória.

§ 4º Verificada a inadimplência, é obrigatória a inclusão do devedor no Banco Nacional de Devedores Trabalhistas.

Art. 2º A inclusão, a alteração e a exclusão de dados no Banco Nacional de Devedores Trabalhistas serão sempre precedidas de determinação judicial expressa, preferencialmente por meio eletrônico.

Parágrafo único. Na execução por Carta, caberá ao Juízo Deprecante a determinação de que trata o caput.

Art. 3º Os Tribunais Regionais do Trabalho disponibilizarão diariamente arquivo eletrônico com os seguintes dados necessários à alimentação do Banco Nacional de Devedores Trabalhistas, no formato a ser definido pela Secretaria de Tecnologia da Informação do TST:

I – número dos autos do processo, observada a numeração única prevista na Resolução CNJ n. 65/2008;

II – número de inscrição do devedor no Cadastro de Pessoas Físicas (CPF) ou no Cadastro Nacional de Pessoas Jurídicas (CNPJ) da Receita Federal do Brasil (RFB);

III – nome ou razão social do devedor, observada a grafia constante da base de dados do CPF ou do CNPJ da RFB;

IV – existência de depósito, bloqueio de numerário ou penhora suficiente à garantia do débito, se for o caso;

V – suspensão da exigibilidade do débito trabalhista, quando houver.

§ 1º Os dados de inclusão de devedor no Banco serão precedidos de conferência do respectivo nome ou razão social e do número do CPF ou do CNPJ com a base de dados da Receita Federal do Brasil, cujos meios de acesso o Tribunal Superior do Trabalho fornecerá.

§ 2º Serão armazenadas as datas de inclusão e exclusão dos devedores e das informações previstas nos incisos IV e V, bem como o registro do usuário responsável pelo lançamento dos dados.

§ 3º Nas execuções promovidas contra dois ou mais devedores, as informações sobre a suspensão da exigibilidade do débito ou garantia da execução por depósito, bloqueio de numerário ou penhora suficiente deverão ser individualizadas por devedor.

§ 4º Paga a dívida ou satisfeita a obrigação, o Juiz da execução determinará a imediata exclusão do(s) devedor(es) do Banco Nacional de Devedores Trabalhistas.

§ 5º Sempre que houver modificação das informações descritas nos incisos IV e V, atualizar-se-ão os dados no Banco Nacional de Devedores Trabalhistas.

Certidão Negativa de Débitos Trabalhistas

Art. 4º A Certidão Negativa de Débitos Trabalhistas – CNDT será expedida gratuita e eletronicamente em todo o território nacional, observado o modelo constante do Anexo

I, para comprovar a inexistência de débitos inadimplidos perante a Justiça do Trabalho, tendo como base de dados o Banco Nacional de Devedores Trabalhistas.

Parágrafo único. O interessado requererá a CNDT nas páginas eletrônicas do Tribunal Superior do Trabalho (http://www.tst.jus.br), do Conselho Superior da Justiça do Trabalho (http://www.csjt.jus.br) e dos Tribunais Regionais do Trabalho na internet, as quais manterão, permanentemente, hiperlink de acesso ao sistema de expedição.

Art. 5º O requerimento da CNDT indicará, obrigatoriamente, o CPF ou o CNPJ da pessoa sobre quem deva versar a certidão.

§ 1º No caso de pessoa jurídica, a CNDT certificará a empresa em relação a todos os seus estabelecimentos, agências e filiais.

§ 2º A certidão conterá:

I – informação de que os dados estão atualizados até 2 (dois) dias anteriores à data da sua expedição; e II – código de segurança para o controle de sua autenticidade no próprio sistema de emissão.

Certidão Positiva de Débitos Trabalhistas

Art. 6º A Certidão Negativa de Débitos Trabalhistas – CNDT não será obtida quando constar do Banco Nacional de Devedores Trabalhistas o número de inscrição no CPF ou no CNPJ da pessoa sobre quem deva versar.

§ 1º Na hipótese prevista no *caput*, expedir-se-á Certidão Positiva de Débitos Trabalhistas – CPDT, observado o modelo constante do Anexo II.

§ 2º Suspensa a exigibilidade do débito ou garantida a execução por depósito, bloqueio de numerário ou penhora de bens suficientes, devidamente formalizada, expedir-se-á Certidão Positiva de Débitos Trabalhistas com os mesmos efeitos da Certidão Negativa de Débitos Trabalhistas, observado o modelo constante do Anexo III.

Art. 7º O Tribunal Superior do Trabalho manterá repositório de todas as informações constantes do banco de dados da CNDT pelo prazo mínimo de 5 (cinco) anos.

Gestão e Fiscalização

Art. 8º A gestão técnica do Banco Nacional de Devedores Trabalhistas e do sistema de expedição da Certidão Negativa de Débitos Trabalhistas caberá a um Comitê a ser instituído e regulamentado pela Presidência do Tribunal Superior do Trabalho.

Parágrafo único. Integrará o Comitê um representante indicado pelo

Corregedor-Geral da Justiça do Trabalho.

Art. 9º À Corregedoria-Geral da Justiça do Trabalho caberá fiscalizar e orientar os Tribunais Regionais do Trabalho e as Corregedorias Regionais quanto ao cumprimento da presente Resolução, especialmente no que concerne:

I – ao fiel registro, no sistema dos Tribunais Regionais do Trabalho, dos atos processuais relativos à execução trabalhista, necessários à expedição da CNDT

II – à obrigatoriedade de inclusão e exclusão dos devedores no Banco Nacional de Devedores Trabalhistas;

III – à atualização dos dados no Banco Nacional de Devedores Trabalhistas, sempre que houver modificação das informações descritas nos incisos IV e V do artigo 3º desta Resolução;

IV – à disponibilização correta e tempestiva dos dados necessários à alimentação do Banco Nacional de Devedores Trabalhistas; e

V – à existência e manutenção de hiperlink de acesso ao sistema de expedição da CNDT nas páginas eletrônicas dos Tribunais Regionais do Trabalho.

Disposições Finais

Art. 10. O sistema de expedição da Certidão Negativa de Débitos Trabalhistas estará disponível ao público a partir de 4 (quatro) de janeiro de 2012.

§ 1º A partir da data prevista no *caput*, os Tribunais Regionais do Trabalho e as Varas do Trabalho não emitirão certidão com a mesma finalidade e conteúdo da CNDT, salvo em caráter excepcional e urgente em que, após comprovada a emissão da certidão nacional pelo interessado, constatar-se que a informação pretendida ainda não está registrada no BNDT (art. 5º, § 2º, I).

§ 2º A CNDT pode ser exigida para fins de transação imobiliária, mas não exclui a emissão, pelos Tribunais e Varas do Trabalho, de certidão específica para esse fim.

Art. 11 Os Tribunais Regionais do Trabalho encaminharão ao Tribunal Superior do Trabalho, no prazo de 15 (quinze) dias, contados da publicação desta Resolução, plano de ação com cronograma detalhado das medidas a serem implementadas para o seu integral cumprimento.

Art. 12. Esta Resolução entra em vigor na data de sua publicação.

Brasília, 24 de agosto de 2011.

Ministro JOÃO ORESTE DALAZEN
Presidente do Tribunal Superior do Trabalho

ANEXO II

RESOLUÇÃO N. 203, DE 15 DE MARÇO DE 2016

Edita a Instrução Normativa n. 39, que dispõe sobre as normas do Código de Processo Civil de 2015 aplicáveis e inaplicáveis ao Processo do Trabalho, de forma não exaustiva.

O EGRÉGIO PLENO DO TRIBUNAL SUPERIOR DO TRABALHO, em Sessão Extraordinária hoje realizada, sob a Presidência do Excelentíssimo Senhor Ministro Ives Gandra da Silva Martins Filho, Presidente do Tribunal, presentes os Excelentíssimos Senhores Ministros Emmanoel Pereira, Vice-Presidente do Tribunal, Renato de Lacerda Paiva, Corregedor-Geral da Justiça do Trabalho, João Oreste Dalazen, Antonio José de Barros Levenhagen, João Batista Brito Pereira, Maria Cristina Irigoyen Peduzzi, Aloysio Corrêa da Veiga, Luiz Philippe Vieira de Mello Filho, Alberto Luiz Bresciani de Fontan Pereira, Maria de Assis Calsing, Dora Maria da Costa, Guilherme Augusto Caputo Bastos, Márcio Eurico Vitral Amaro, Walmir Oliveira da Costa, Maurício Godinho Delgado, Kátia Magalhães Arruda, Augusto César Leite de Carvalho, José Roberto Freire Pimenta, Delaíde Alves Miranda Arantes, Hugo Carlos Scheuermann, Alexandre de Souza Agra Belmonte, Cláudio Mascarenhas Brandão, Douglas Alencar Rodrigues, Maria Helena Mallmann e a Excelentíssima Vice-Procuradora-Geral do Trabalho, Drª Cristina Aparecida Ribeiro Brasiliano

considerando a vigência de novo Código de Processo Civil (Lei n. 13.105, de 17.03.2015) a partir de 18 de março de 2016,

considerando a imperativa necessidade de o Tribunal Superior do Trabalho posicionar-se, ainda que de forma não exaustiva, sobre as normas do Código de Processo Civil de 2015 aplicáveis e inaplicáveis ao Processo do Trabalho,

considerando que as normas dos arts. 769 e 889 da CLT não foram revogadas pelo art. 15 do CPC de 2015, em face do que estatui o art. 2º, § 2º da Lei de Introdução às Normas do Direito Brasileiro,

considerando a plena possibilidade de compatibilização das normas em apreço, considerando o disposto no art. 1046, § 2º, do CPC, que expressamente preserva as "disposições especiais dos procedimentos regulados em outras leis", dentre as quais sobressaem as normas especiais que disciplinam o Direito Processual do Trabalho,

considerando o escopo de identificar apenas questões polêmicas e algumas das questões inovatórias relevantes para efeito de aferir a compatibilidade ou não de aplicação subsidiária ou supletiva ao Processo do Trabalho do Código de Processo Civil de 2015,

considerando a exigência de transmitir segurança jurídica aos jurisdicionados e órgãos da Justiça do Trabalho, bem assim o escopo de prevenir nulidades processuais em detrimento da desejável celeridade,

considerando que o Código de Processo Civil de 2015 não adota de forma absoluta a observância do princípio do contraditório prévio como vedação à decisão surpresa, como transparece, entre outras, das hipóteses de julgamento liminar de improcedência do pedido (art. 332, *caput* e § 1º, conjugado com a norma explícita do parágrafo único do art. 487), de tutela provisória liminar de urgência ou da evidência (parágrafo único do art. 9º) e de indeferimento liminar da petição inicial (CPC, art. 330),

considerando que o conteúdo da aludida garantia do contraditório há que se compatibilizar com os princípios da celeridade, da, oralidade e da concentração de atos processuais no Processo do Trabalho, visto que este, por suas especificidades e pela natureza alimentar das pretensões nele deduzidas, foi concebido e estruturado para a outorga rápida e impostergável da tutela jurisdicional (CLT, art. 769),

considerando que está *sub judice* no Tribunal Superior do Trabalho a possibilidade de imposição de multa pecuniária ao executado e de liberação de depósito em favor do exequente, na pendência de recurso, o que obsta, de momento, qualquer manifestação da Corte sobre a incidência no Processo do Trabalho das normas dos arts. 520 a 522 e § 1º do art. 523 do CPC de 2015,

considerando que os enunciados de súmulas dos Tribunais do Trabalho a que se referem os incisos V e VI do § 1º do art. 489 do CPC de 2015 são exclusivamente os que contenham os fundamentos determinantes da decisão (*ratio decidendi* – art. 926, § 2º),

RESOLVE:

Aprovar a Instrução Normativa n. 39, nos seguintes termos:

INSTRUÇÃO NORMATIVA N. 39/2016

Dispõe sobre as normas do Código de Processo Civil de 2015 aplicáveis e inaplicáveis ao Processo do Trabalho, de forma não exaustiva.

Art. 1º Aplica-se o Código de Processo Civil, subsidiária e supletivamente, ao Processo do Trabalho, em caso de omissão e desde que haja compatibilidade com as normas e princípios do Direito Processual do Trabalho, na forma dos arts. 769 e 889 da CLT e do art. 15 da Lei n. 13.105, de 17.03.2015.

§ 1º Observar-se-á, em todo caso, o princípio da irrecorribilidade em separado das decisões interlocutórias, de conformidade com o art. 893, § 1º da CLT e Súmula n. 214 do TST.

§ 2º O prazo para interpor e contra-arrazoar todos os recursos trabalhistas, inclusive agravo interno e agravo regimental, é de oito dias (art. 6º da Lei n. 5.584/70 e art. 893 da CLT), exceto embargos de declaração (CLT, art. 897-A).

Art. 2º Sem prejuízo de outros, não se aplicam ao Processo do Trabalho, em razão de inexistência de omissão ou por incompatibilidade, os seguintes preceitos do Código de Processo Civil:

I – art. 63 (modificação da competência territorial e eleição de foro);

II – art. 190 e parágrafo único (negociação processual);

III – art. 219 (contagem de prazos em dias úteis);

IV – art. 334 (audiência de conciliação ou de mediação);

V – art. 335 (prazo para contestação);

VI – art. 362, III (adiamento da audiência em razão de atraso injustificado superior a 30 minutos);

VII – art. 373, §§ 3º e 4º (distribuição diversa do ônus da prova por convenção das partes);

VIII – arts. 921, §§ 4º e 5º, e 924, V (prescrição intercorrente);

IX – art. 942 e parágrafos (prosseguimento de julgamento não unânime de apelação);

X – art. 944 (notas taquigráficas para substituir acórdão);

XI – art. 1.010, § 3º(desnecessidade de o juízo a quo exercer controle de admissibilidade na apelação);

XII – arts. 1.043 e 1.044 (embargos de divergência);

XIII – art. 1.070 (prazo para interposição de agravo).

Art. 3º Sem prejuízo de outros, aplicam-se ao Processo do Trabalho, em face de omissão e compatibilidade, os preceitos do Código de Processo Civil que regulam os seguintes temas:

I – art. 76, §§ 1º e 2º (saneamento de incapacidade processual ou de irregularidade de representação);

II – art. 138 e parágrafos (*amicus curiae*);

III – art. 139, exceto a parte final do inciso V (poderes, deveres e responsabilidades do juiz);

IV – art. 292, V (valor pretendido na ação indenizatória, inclusive a fundada em dano moral);

V – art. 292, § 3º (correção de ofício do valor da causa);

VI – arts. 294 a 311 (tutela provisória);

VII – art. 373, §§ 1º e 2º (distribuição dinâmica do ônus da prova);

VIII – art. 485, § 7º (juízo de retratação no recurso ordinário);

IX – art. 489 (fundamentação da sentença);

X – art. 496 e parágrafos (remessa necessária);

XI – arts. 497 a 501 (tutela específica);

XII – arts. 536 a 538 (cumprimento de sentença que reconheça a exigibilidade de obrigação de fazer, de não fazer ou de entregar coisa);

XIII – arts. 789 a 796 (responsabilidade patrimonial);

XIV – art. 805 e parágrafo único (obrigação de o executado indicar outros meios mais eficazes e menos onerosos para promover a execução);

XV – art. 833, incisos e parágrafos (bens impenhoráveis);

XVI – art. 835, incisos e §§ 1º e 2º (ordem preferencial de penhora);

XVII – art. 836, §§ 1º e 2º (procedimento quando não encontrados bens penhoráveis);

XVIII – art. 841, §§ 1º e 2º (intimação da penhora);

XIX – art. 854 e parágrafos (BacenJUD);

XX – art. 895 (pagamento parcelado do lanço);

XXI – art. 916 e parágrafos (parcelamento do crédito exequendo); XXII – art. 918 e parágrafo único (rejeição liminar dos embargos à execução);

XXIII – arts. 926 a 928 (jurisprudência dos tribunais);

XXIV – art. 940 (vista regimental);

XXV – art. 947 e parágrafos (incidente de assunção de competência);

XXVI – arts. 966 a 975 (ação rescisória);

XXVII – arts. 988 a 993 (reclamação);

XXVIII – arts. 1.013 a 1.014 (efeito devolutivo do recurso ordinário – força maior);

XXIX – art. 1.021 (salvo quanto ao prazo do agravo interno).

Art. 4º Aplicam-se ao Processo do Trabalho as normas do CPC que regulam o princípio do contraditório, em especial os artigos 9º e 10, no que vedam a decisão surpresa.

§ 1º Entende-se por "decisão surpresa" a que, no julgamento final do mérito da causa, em qualquer grau de jurisdição, aplicar fundamento jurídico ou embasar-se em fato não submetido à audiência prévia de uma ou de ambas as partes.

§ 2º Não se considera "decisão surpresa" a que, à luz do ordenamento jurídico nacional e dos princípios que informam o Direito Processual do Trabalho, as partes tinham obrigação de prever, concernente às condições da ação, aos pressupostos de admissibilidade de recurso e aos pressupostos processuais, salvo disposição legal expressa em contrário.

Art. 5º Aplicam-se ao Processo do Trabalho as normas do art. 356, §§ 1º a 4º, do CPC que regem o julgamento antecipado parcial do mérito, cabendo recurso ordinário de imediato da sentença.

Art. 6º Aplica-se ao Processo do Trabalho o incidente de desconsideração da personalidade jurídica regulado no Código de Processo Civil (arts. 133 a 137), assegurada a iniciativa também do juiz do trabalho na fase de execução (CLT, art. 878).

§ 1º Da decisão interlocutória que acolher ou rejeitar o incidente:

I – na fase de cognição, não cabe recurso de imediato, na forma do art. 893, § 1º da CLT;

II – na fase de execução, cabe agravo de petição, independentemente de garantia do juízo;

III – cabe agravo interno se proferida pelo Relator, em incidente instaurado originariamente no tribunal (CPC, art. 932, inciso VI).

§ 2º A instauração do incidente suspenderá o processo, sem prejuízo de concessão da tutela de urgência de natureza cautelar de que trata o art. 301 do CPC.

Art. 7º Aplicam-se ao Processo do Trabalho as normas do art. 332 do CPC, com as necessárias adaptações à legislação processual trabalhista, cumprindo ao juiz do trabalho julgar liminarmente improcedente o pedido que contrariar:

I – enunciado de súmula do Supremo Tribunal Federal ou do Tribunal Superior do Trabalho (CPC, art. 927, inciso V);

II – acórdão proferido pelo Supremo Tribunal Federal ou pelo Tribunal Superior do Trabalho em julgamento de recursos repetitivos (CLT, art. 896-B; CPC, art. 1046, § 4º);

III – entendimento firmado em incidente de resolução de demandas repetitivas ou de assunção de competência;

IV – enunciado de súmula de Tribunal Regional do Trabalho sobre direito local, convenção coletiva de trabalho, acordo coletivo de trabalho, sentença normativa ou regulamento empresarial de observância obrigatória em área territorial que não exceda à jurisdição do respectivo Tribunal (CLT, art. 896, "b", a *contrario sensu*).

Parágrafo único. O juiz também poderá julgar liminarmente improcedente o pedido se verificar, desde logo, a ocorrência de decadência.

Art. 8º Aplicam-se ao Processo do Trabalho as normas dos arts. 976 a 986 do CPC que regem o incidente de resolução de demandas repetitivas (IRDR).

§ 1º Admitido o incidente, o relator suspenderá o julgamento dos processos pendentes, individuais ou coletivos, que tramitam na Região, no tocante ao tema objeto de IRDR, sem prejuízo da instrução integral das causas e do julgamento dos eventuais pedidos distintos e cumulativos igualmente deduzidos em tais processos, inclusive, se for o caso, do julgamento antecipado parcial do mérito.

§ 2º Do julgamento do mérito do incidente caberá recurso de revista para o Tribunal Superior do Trabalho, dotado de efeito meramente devolutivo, nos termos dos arts. 896 e 899 da CLT.

§ 3º Apreciado o mérito do recurso, a tese jurídica adotada pelo Tribunal Superior do Trabalho será aplicada no território nacional a todos os processos, individuais ou coletivos, que versem sobre idêntica questão de direito.

Art. 9º O cabimento dos embargos de declaração no Processo do Trabalho, para impugnar qualquer decisão judicial, rege-se pelo art. 897-A da CLT e, supletivamente, pelo Código de Processo Civil (arts. 1022 a 1025; §§ 2º, 3º e 4º do art. 1026), excetuada a garantia de prazo em dobro para litisconsortes (§ 1º do art. 1023).

Parágrafo único. A omissão para fins do prequestionamento ficto a que alude o art. 1025 do CPC dá-se no caso de o Tribunal Regional do Trabalho, mesmo instado mediante embargos de declaração, recusar-se a emitir tese sobre questão jurídica pertinente, na forma da Súmula n. 297, item III, do Tribunal Superior do Trabalho.

Art. 10. Aplicam-se ao Processo do Trabalho as normas do parágrafo único do art. 932 do CPC, §§ 1º a 4º do art. 938 e §§ 2º e 7º do art. 1007.

Parágrafo único. A insuficiência no valor do preparo do recurso, no Processo do Trabalho, para os efeitos do § 2º do art. 1007 do CPC, concerne unicamente às custas processuais, não ao depósito recursal.

Art. 11. Não se aplica ao Processo do Trabalho a norma do art. 459 do CPC no que permite a inquirição direta das testemunhas pela parte (CLT, art. 820).

Art. 12. Aplica-se ao Processo do Trabalho o parágrafo único do art. 1034 do CPC. Assim, admitido o recurso de revista por um fundamento, devolve-se ao Tribunal Superior do Trabalho o conhecimento dos demais fundamentos para a solução apenas do capítulo impugnado.

Art. 13. Por aplicação supletiva do art. 784, I (art. 15 do CPC), o cheque e a nota promissória emitidos em reconhecimento de dívida inequivocamente de natureza trabalhista também são títulos extrajudiciais para efeito de execução perante a Justiça do Trabalho, na forma do art. 876 e segs. da CLT.

Art. 14. Não se aplica ao Processo do Trabalho o art. 165 do CPC, salvo nos conflitos coletivos de natureza econômica (Constituição Federal, art. 114, §§ 1º e 2º).

Art. 15. O atendimento à exigência legal de fundamentação das decisões judiciais (CPC, art. 489, § 1º) no Processo do Trabalho observará o seguinte:

I – por força dos arts. 332 e 927 do CPC, adaptados ao Processo do Trabalho, para efeito dos incisos V e VI do § 1º do art. 489 considera-se "precedente" apenas:

a) acórdão proferido pelo Supremo Tribunal Federal ou pelo Tribunal Superior do Trabalho em julgamento de recursos repetitivos (CLT, art. 896-B; CPC, art. 1046, § 4º);

b) entendimento firmado em incidente de resolução de demandas repetitivas ou de assunção de competência;

c) decisão do Supremo Tribunal Federal em controle concentrado de constitucionalidade;

d) tese jurídica prevalecente em Tribunal Regional do Trabalho e não conflitante com súmula ou orientação jurisprudencial do Tribunal Superior do Trabalho (CLT, art. 896, § 6º);

e) decisão do plenário, do órgão especial ou de seção especializada competente para uniformizar a jurisprudência do tribunal a que o juiz estiver vinculado ou do Tribunal Superior do Trabalho.

II – para os fins do art. 489, § 1º, incisos V e VI do CPC, considerar-se-ão unicamente os precedentes referidos no item anterior, súmulas do Supremo Tribunal Federal, orientação jurisprudencial e súmula do Tribunal Superior do Trabalho, súmula de Tribunal Regional do Trabalho não conflitante com súmula ou orientação jurisprudencial do TST, que contenham explícita referência aos fundamentos determinantes da decisão (*ratio decidendi*).

III – não ofende o art. 489, § 1º, inciso IV do CPC a decisão que deixar de apreciar questões cujo exame haja ficado prejudicado em razão da análise anterior de questão subordinante.

IV – o art. 489, § 1º, IV, do CPC não obriga o juiz ou o Tribunal a enfrentar os fundamentos jurídicos invocados pela parte, quando já tenham sido examinados na formação dos precedentes obrigatórios ou nos fundamentos determinantes de enunciado de súmula.

V – decisão que aplica a tese jurídica firmada em precedente, nos termos do item I, não precisa enfrentar os fundamentos já analisados na decisão paradigma, sendo suficiente, para fins de atendimento das exigências constantes no art. 489, § 1º, do CPC, a correlação fática e jurídica entre o caso concreto e aquele apreciado no incidente de solução concentrada.

VI – é ônus da parte, para os fins do disposto no art. 489, § 1º, V e

VI, do CPC, identificar os fundamentos determinantes ou demonstrar a existência de distinção no caso em julgamento ou a superação do entendimento, sempre que invocar precedente ou enunciado de súmula.

Art. 16. Para efeito de aplicação do § 5º do art. 272 do CPC, não é causa de nulidade processual a intimação realizada na pessoa de advogado regularmente habilitado nos autos, ainda que conste pedido expresso para que as comunicações dos atos processuais sejam feitas em nome de outro advogado, se o profissional indicado não se encontra previamente cadastrado no Sistema de Processo Judicial Eletrônico, impedindo a serventia judicial de atender ao requerimento de envio da intimação direcionada. A decretação de nulidade não pode ser acolhida em favor da parte que lhe deu causa (CPC, art. 276).

Art. 17. Sem prejuízo da inclusão do devedor no Banco Nacional de Devedores Trabalhistas (CLT, art. 642-A), aplicam-se à execução trabalhista as normas dos artigos 495, 517 e 782, §§ 3º, 4º e 5º do CPC, que tratam respectivamente da hipoteca judiciária, do protesto de decisão judicial e da inclusão do nome do executado em cadastros de inadimplentes.

Art. 18. Esta Instrução Normativa entrará em vigor na data da sua publicação.

Ministro IVES GANDRA DA SILVA MARTINS FILHO
Presidente do Tribunal Superior do Trabalho

REFERÊNCIAS BIBLIOGRÁFICAS

ABÍLIO NETO. *Novo Código de Processo Civil anotado*. 3. ed. rev. e amp. Lisboa: Ediforum, 2015.

BARBI, Celso Agrícola. *Comentários ao Código de Processo Civil*. Vol. I, 10. Ed. Rio de Janeiro, 1998.

BARROSO, Luis Roberto. *Controle da constitucionalidade e direitos fundamentais*. Conferência na Escola da Magistratura do Estado do Rio de Janeiro, em 21 de agosto de 2002, sendo debatedor. Publicada pela Revista da EMERJ, vol. 6, n. 21, 2003.

BERMUDES, Sérgio. *A reforma do Código de Processo Civil*. Rio de Janeiro: Freitas Bastos, 1995.

CANOTILHO, J. J. Gomes; MOREIRA, Vital. *Constituição da Republica Portuguesa anotada*, vol I, artigos 1º a 107. São Paulo: Revista dos Tribunais, 2007.

CANOTILHO, J. J. Gomes; MENDES, Gilmar Ferreira; SARLET, Ingo Wolfgang; STREECK, Lenio Luiz. *Comentários à Constituição do Brasil*. 6ª tiragem, São Paulo: Saraiva/Almedina, 2014.

CÂMARA, Alexandre Freitas. *Lições de direito processual civil*. 8. ed. vol. III. Rio de Janeiro: Editora Lumen Juris, 2005.

CAPPELLETTI, Mauro; GARTH, Bryant. *Acesso à justiça*. Tradução de Ellen Gracie Northfleet. Porto Alegre, Fabris, 1998.

CORRÊA, Antonio de Pádua Muniz. *Execução contra a Fazenda Púbica*. São Paulo: LTr, 2005.

CORRÊA FILHO, Hilton Mendonça. *Justiça Gratuita*. São Luis: MLivros, 2003.

DINAMARCO, Cândido Rangel. *A reforma do Código de Processo Civil*. São Paulo: Malheiros Editora, 1995.

LIVRAMENTO, Geraldo Aparecido do. *Execução no novo CPC*. São Paulo: JH Mizuno, 2015.

GOMES, Orlando. *Contratos*. Rio de Janeiro: Forense, 1973.

MANCUSO, Rodolfo de Camargo. O Direito à Tutela Jurisdicional: O novo enforque do art. 5º, XXXV, da Constituição Federal. In: SARRO, Luís Antonio Giampaulo. *Novo Código de Processo Civil*: principais alterações do sistema processual civil. São Paulo: Ridel, 2014.

MEDEIROS, Rui. *Comentário ao regime da responsabilidade civil extracontratual do Estado e demais entidades públicas*. Lisboa: Universidade Católica, 2007.

MEIRELES, Edilton. O novo CPC e sua aplicação supletiva e subsidiária no processo do trabalho. In: *MIESSA, Elisson: O novo Código de Processo Civil e seus reflexos no Processo do Trabalho*. Salvador: Jus PODIVM, 2015.

MIRANDA, Pontes de. *Comentários ao Código de Processo Civil*. Tomo III: arts. 154 a 281, Rio de Janeiro, Forense, 1997.

MIRANDA, Jorge. *Controle da constitucionalidade e direitos fundamentais*. Rio de Janeiro. Revista da EMERJ, v. 6, n. 21, 2003.

NEVES, Daniel Amorim Assunção. *Novo Código de Processo Civil Comentado*, artigo por artigo. Salvador: JusPodivm, 2016.

PASSOS, José Joaquim Calmon de. *Comentários ao Código de Processo Civil*. Rio de Janeiro: Forense, 2005.

RODRIGUES, Fernando Pereira. *O novo Processo Civil*: os princípios estruturantes. Coimbra: Almedina, 2013.

SILVA, José Antonio Ribeiro de Oliveira; DIAS, Carlos Eduardo Oliveira; FELICIANO, Guilherme Guimarães; TOLEDO FILHO, Manoel Carlos. *Comentários ao novo CPC e sua aplicação ao processo do trabalho*. Vol. I. São Paulo, LT®, 2016.

SILVA, Ovídio A. Batista. *Do processo cautelar*. Rio de Janeiro: Forense, 1999.

TEIXEIRA FILHO, Manoel Antonio. *As ações cautelares no processo do trabalho*. 2. ed. São Paulo. LTr, 1989.

_____. *Curso de direito processual do trabalho*. Vol. III. São Paulo: LTr, 2009.

_____. *As alterações no CPC e suas repercussões no Processo do Trabalho*. São Paulo: LTr, 1996.

THEODORO JÚNIOR, Humberto. As tutelas de urgência no velho e no novo CPC. In: SARRO, Luís Antonio Giampaulo. *Novo Código de Processo Civil*: principais alterações do sistema processual civil. São Paulo: Ridel, 2014.

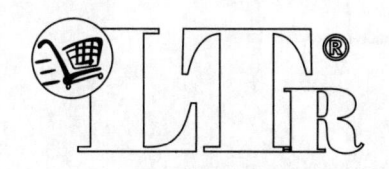

LOJA VIRTUAL
www.ltr.com.br

E-BOOKS
www.ltr.com.br

Produção Gráfica e Editoração Eletrônica: LINOTEC
Projeto de Capa: FABIO GIGLIO
Impressão: GRÁFICA PIMENTA